全国基层干部学习培训教材
QUANGUO JICENG GANBU XUEXI PEIXUN JIAOCAI

城市基层干部一线工作法

全国干部培训教材编审指导委员会办公室组织编写

党建读物出版社

出 版 说 明

习近平总书记一直高度重视基层基础工作，他反复强调，基础不牢、地动山摇；基层强则国家强、基层安则天下安。习近平总书记指出，乡村振兴是实现中华民族伟大复兴的一项重大任务，要把解决"三农"问题作为全党工作重中之重；推进国家治理体系和治理能力现代化，社区治理只能加强、不能削弱。习近平总书记要求，要重视和加强基层干部队伍建设，帮助他们深入改进作风、提高能力素质，把基层党组织建设强、把基层政权巩固好。

为深入学习贯彻习近平总书记关于加强基层基础工作、提高基层治理能力等重要指示精神，贯彻落实党中央关于全面推进乡村振兴、健全党组织领导的城乡基层治理体系的决策部署，提高城市和农村基层干部能力和素质，中央组织部组织有关单位聚焦乡村振兴、城市基层治理培训主题，编写了全国基层干部学习培训教材，供各地区各部门和干部教育培训机构以及广大基层干部学习使用。

这批培训教材按照"政策解读、案例示范、实操练习"的总体框架，展示了在习近平新时代中国特色社会主义思想指引下全面推进乡村振兴和城市基层治理的实践成果，是基层干部学习的鲜活宝库和范例。组织基层干部深入学习这批教材，有利于深化基层干部对乡村振兴和城市基层治理重大意义、丰富内涵、生动实践的理解，提高基层干部全面推进乡村振兴、推进基层治理现代化的能力。

全国干部培训教材
编审指导委员会办公室
2021年11月

目 录

导 言 1

第一部分 党建引领 9
【政策背景】 9
【实践探索】 12
  一、如何健全党建引领社区治理机制 12
  二、如何充分发挥基层党组织战斗堡垒作用和共产
     党员先锋模范作用 28

第二部分 居民自治 46
【政策背景】 46
【实践探索】 48
  一、如何加强居民委员会自身建设 48
  二、如何开展社区协商 52
  三、如何用好居民公约 57
  四、如何做好居务公开 64

第三部分　社区服务 ... 70
　【政策背景】 ... 70
　【实践探索】 ... 71
　　一、如何健全社区服务体系 ... 71
　　二、如何提高社区服务专业化水平 ... 81
　　三、如何改进社区物业服务管理 ... 91

第四部分　协同共治 ... 103
　【政策背景】 ... 103
　【实践探索】 ... 105
　　一、如何引导多方力量参与社区治理 ... 105
　　二、如何开展联防联控、群防群控的社区疫情防控工作 ... 126

第五部分　平安法治 ... 137
　【政策背景】 ... 137
　【实践探索】 ... 139
　　一、如何做好社区调解工作 ... 139
　　二、如何建设平安和谐的社区家园 ... 150
　　三、如何开展社区公共法律服务 ... 158

第六部分　文化德治 ... 163
　【政策背景】 ... 163
　【实践探索】 ... 164

一、如何在社区工作中融入社会主义核心价值观 ………… 164
　二、如何开展好社区教育和文体活动 ………………………… 172
　三、如何开展好社区志愿服务 ………………………………… 176
　四、如何营造健康向上的社区道德风尚 ……………………… 183

第七部分　科技智治 ……………………………………………… 191
【政策背景】 …………………………………………………………… 191
【实践探索】 …………………………………………………………… 193
　一、如何运用信息技术做好社区治理和服务工作 …………… 193
　二、如何开展好智慧社区建设 ………………………………… 198

后　记 ……………………………………………………………… 204

导 言

城市基层干部一线工作法是对城市基层组织和各类单位、个人开展治理和服务的工作理念和工作方法的科学总结提炼,是推进基层治理体系和治理能力现代化的重要手段和必备工具。城市基层干部一线工作法来自于基层探索实践,生成于基层改革创新,是具有鲜明特色的新时代群众工作方法,是新时代党的群众路线的生动实践。

第一,个体性和集体性。城市基层干部一线工作法的实践创新主体是优秀的社区工作者及其所在的工作团队。一线工作法大多是基于一线优秀社区工作者的探索而概括出来的,受社区工作者个人的成长环境、工作经历、性格气质的影响,往往具有一定程度上的个体性。同时,基层治理又是一个需要集体合作的任务,因此,真正意义上的优秀的一线工作法,一定是得到了其所在团队的高度认同和配合,具有较强的集体性。

第二,普遍性和创新性。虽然城市基层干部一线工作法多是针对其所在区域存在的问题有感而发,带有一定的特殊性,但就其实质而言,城市基层干部一线工作法是优秀城市社区工作者面对城市基层治理和服务的日常实践和居民群众的共性需求,在长期探索实践中形成的带有普遍性和创新性的经验。

第三,总体性和微观性。城市基层干部一线工作法的内容往往包括以下三方面内容：一是宏观层面的工作法。作为总体性的工作法，是城市社区工作者在基层治理实践中探索出的具有体系性、结构性的经验概括，包括工作的总体原则、工作程序、进入路径等。二是中观层面工作法。主要基于基层抓党建、抓治理、抓服务形成的工作法。三是微观性工作技巧和方法，带有较强的个体性，主要集中在社区事务及居民之间矛盾纠纷的调解化解，通常需要利用社区工作者的个人魅力、社会联系和情感疏通等方法，来调解纠纷、化解矛盾。总之，城市基层干部一线工作法涉及宏观、中观、微观，涉及静态的社区工作元素构成、动态的工作运行等，层次丰富、内容充实。

城市基层干部一线工作法是长期以来各地的实践探索、经验总结，一般具有以下共同特点。

政治性。党政军民学，东西南北中，党是领导一切的。加强基层治理体系和治理能力现代化建设，就是要以习近平新时代中国特色社会主义思想为指导，坚持和加强党的全面领导，坚持以人民为中心，以增进人民福祉为出发点和落脚点，以加强基层党组织建设、增强基层党组织政治功能和组织力为关键，提高基层治理社会化、法治化、智慧化、专业化水平。城市基层干部一线工作法，就是要以党建引领基层治理为主线，把党对基层治理的全面领导、党的领导贯穿基层治理全过程各方面。

群众性。坚持和贯彻党的群众路线，在基层工作中努力做到一切为了群众，一切依靠群众，从群众中来，到群众中去，把党的正确主张变为群众的自觉行动。城市基层干部要善于组织群众、宣传群众、凝聚群众、服务群众，形成具有组织化、制度化依托的基层治理力量。

民生性。坚持以人民为中心的发展思想，全面了解和掌握居民群众的利益诉求，从解决居民群众最关心最直接最现实的利益问题入手，分析解决问题需要的资源、力量、方法和手段，积极搭建平台、链接资源、建立机制，将居民群众关心的问题一件一件加以解决，实现保基本、兜底线、促公平，不断满足人民日益增长的美好生活需要。

操作性。城市基层干部一线工作法来源于基层治理的实践，来源于社区治理中遇到的一系列真问题，是通过实践活动获得的理论提升。其经验带有一定的普遍性和规律性，可以指导实践、化解矛盾、解决问题，具有较强的可操作性。

创新性。伴随着新型城镇化的快速推进，单位制时期的单位大院逐步走向消解，人们开始选择在商品住宅小区居住；人口流动的普遍化导致了社区老龄化和居住空巢化现象；城乡结合部、城中村、易地扶贫搬迁安置社区等特殊区域党建和治理的力量比较薄弱。城市社会复杂的转型给基层治理提出了前所未有的挑战，城市基层干部必须以创新精神投入到复杂的治理进程之中，才能回应时代的需求和群众的要求。

基层治理是国家治理的基石。加强基层治理体系和治理能力现代化建设，对城市基层干部提出了许多新的要求。

（一）夯实党的执政基础。习近平总书记强调，基层是党的执政之基、力量之源。只有基层党组织坚强有力，党员发挥应有作用，党的根基才能牢固，党才能有战斗力。必须把抓基层、打基础作为长远之计和固本之举，着力推进城市基层党建系统整体建设，把社区党组织建设成为领导城市基层治理的坚强战斗堡垒。一是严密党的基层组织体系。纵向上，构建"街道党工委—社区党组织—网格（居民小组）党支部—楼栋党小组—党员中心户"一贯到底的组织链条。横向上，不断加大城市各类园区、商务楼宇、商圈市场、非公有制经济组织和社会组织中党的组织和工作覆盖，推动把快递物流、外卖配送、网约车等新就业群体纳入城市基层党建大盘子，消除党建工作"空白点"。二是加强社区党组织对基层各类组织和各项工作的统一领导，涉及基层治理重要事项、重大问题都要经党组织研究讨论后按程序决定。积极推行社区党组织书记通过法定程序担任居民委员会主任、社区"两委"交叉任职。注重把党组织推荐的优秀人选通过一定程序明确为各类组织负责人，推动依法把党的领导和党的建设有关要求写入各类组织章程。

（二）落实基层党组织领导基层群众自治制度。注重发挥基层群众性自治组织在社区治理中的基础作用。一是加强居民委员会自身建设。通过一系列工作制度建设增强居民委员会的组织动员能力和对居民诉求的回应能力。二是加强和规范社区协商。引导、组织居民群众通过协商的方式参与社区公共事务和公益事业，参与到社区治理的具体实践中来，深化自我管理、自我服务、自我教育和自我监督，有力推动基层党组织领导的充满活力的基层群众自治机制建设。三是用好居民公约。基层群众自治的前提是法治，基础是德治，二者统一于基层群众自我管理、自我教育、自我服务的全过程，体现在基层群众自治的各个方面。各地通过制定和完善居民公约，弘扬社区公序良俗，培养居民群众的参与意识、公共意识、责任意识、规则意识和合作精神，培育社区文化，形成社区共同价值，增强社区居民的认同感和归属感。四是做好居务公开。聚焦群众关心的民生实事和重要事项，完善党务、居务、财务公开制度，及时公开权力事项，接受群众监督。强化基层纪检监察组织与居务监督委员会的沟通协作、有效衔接，形成监督合力。

（三）组织开展社区服务工作。服务居民、造福居民是社区治理的出发点和落脚点，也是评价社区治理水平和成效的根本标准。一是健全社区服务体系。社区公共服务、社区便民利民服务、社区志愿互助服务是社区服务的重要组成部分。要在建强服务阵地、拓展服务主体、健全服务机制等方面进行有益探索，不断提升社区为民服务能力。二是提升社区服务专业化水平。规范社区公共服务和代办政务服务事项，由基层党组织主导整合资源为群众提供服务。社区是居民群众栖息的港湾，老年人、儿童、困难群体等是社区的重要服务对象，各地社区针对社区居民的群体特点，引入专业性、公益性服务供给方，提供专业性、精准化服务。三是做好社区物业服务管理。物业服务管理与居民的切身利益密切相关，是社区服务的重要组成部分。要针对社区物业服务管理的特点，探索加强物业服务管理的有效路径。业主委员会、物业服务企业较为健全的小区，以党建引领"三方联动"协调机制开展物业服务管理；有物业服务企业、没有成立业主委员会条件的小区，由居民委员会组织业主与物业服务企业沟通，推进物业服务管理；既无业主委员会、又无物业服务企业的小区，由居民委员会组织志愿服务、互助服务的"公益物业"探索也取得了阶段性成果。

（四）统筹发挥社会力量的协同作用。统筹发挥社区社会组织、驻区机关企事业单位、其他社会力量和市场主体的作用，共同参与基层治理，构建共建共治共享的社区治理新格局。一是大力培育发展社区社会组织。鼓励依托社区综合服务设施建立社区社会组织服务平台，为社区社会组织提供组织运作、活动场地、活动经费、人才队伍等方面支持；通过政府购买服务、设立项目资金、活动经费补贴等措施，加大对社区社会组织扶持力度，重点培育为特定群体服务的社区社会组织。二是建立居民提出需求、社区社会组织开发设计、社会组织竞争承接、专业社会工作团队执行实施、相关各方监督评估的"三社联动"机制。在"三社联动"的基础上，慈善力量和志愿服务的注入又拓展为"五社联动"机制。结合各地实践，目前主要有政府购买服务、公益创投、设施项目外包等表现形式。三是积极引导驻区机关企事业单位、其他社会力量和市场主体参与社区治理。驻区机关企事业单位是社区治理的重要力量，各地支持其充分利用自身优势，积极履行社区治理责任，配合、支持、参与所在社区的治理工作。

（五）维护基层和谐稳定。增强平安建设能力，坚持和发展新时代"枫桥经验"，完善基层社会治安防控体系。一是健全矛盾纠纷一站式、多样化解决机制和心理疏导服务机制。通过社区与司法等部门的协调配合，根据社区矛盾纠纷情况和特点，健全社区人民调解组织网络，加强社区人民调解工作力量，创新开展人民调解、解决矛盾纠纷的方法和技巧。二是共建平安和谐社区。深化社区警务战略，加强社区警务室建设。健全人防物防技防相结合的立体化社区治安防控体系。建立健全居民自我巡查、自我管理、自我监督的治理机制，共同将社区建设成为平安幸福家园。三是推进社区公共法律服务。统筹警官、法官、检察官、律师、公证员、基层法律服务工作者等各种力量，紧紧围绕居民法律需求开展工作，深入社区，深入居民，组织开展法治宣传教育，及时提供法律服务和帮助。

（六）强化社区的宣传教育。发展社区文化既是社区治理的重要内容，又是推动社区治理的重要动力。各地以社会主义核心价值观为引领，赓续红色基因，传承中华文化，塑造社区文化，凝聚社区精神。一是在社区工作中融入社会主义核心价值观教育。社区承担起倡导社会主义核心价值观的责任，注重在日常工作中体现鲜明的价值导向，使符合社会主义核心价值观的行为得到倡导和鼓励，违背社会主义核心价值观的行为受到惩处。二是开展好社区教育和文体活动。"社区靠群众、群众靠发动、发动靠活动"，组织好社区教育活动和社区文化体育活动，把居民从一扇扇门背后请出来，使他们熟起来，社区治理才有了基础。三是做好社区志愿服务工作。以低保对象、空巢老人、留守老人、留守儿童、残疾人为主要服务对象，以家政服务、文体活动、心理疏导、医疗保健、法律服务、交通安全宣传教育等为主要服务内容，有针对性地开展社区志愿服务。健全志愿服务回馈制度，推进社区志愿服务经常化和常态化。四是发挥好身边榜样的示范带动作用。建立健全社区道德评议机制，发现和宣传社区道德模范、好人好事，大力褒奖善行义举，用身边事教育身边人，引导社区居民崇德向善，形成与邻为善、以邻为伴、守望相助的良好社区氛围。

（七）加强基层治理的科技支撑。随着信息技术的不断发展，基层治理的智能化水平也不断提升。各地的实践探索主要围绕两个方面：一是利用信息技术提升社区治理和服务效能。实施"互联网＋社区"行动计划，加快互联网与社区治理和服务体系的深度融合，运用社区论坛、微博、微信、移动客户端等新媒体，引导社区居民密切日常交往、参与公共事务、开展协商活动、组织邻里互助，探索网络化社区治理和服务新模式。二是加强智慧社区建设。积极开发智慧社区移动客户端，实现服务项目、资源和信息的多平台交互和多终端同步。运用物联网、大数据等技术手段,提升社区服务设施的智能化水平,建设更加"聪明"的社区,提升社区服务精准化精细化水平。

第一部分
党建引领

【政策背景】

党政军民学,东西南北中,党是领导一切的。习近平总书记在庆祝中国共产党成立100周年大会上的讲话强调:"中国共产党领导是中国特色社会主义最本质的特征,是中国特色社会主义制度的最大优势,是党和国家的根本所在、命脉所在,是全国各族人民的利益所系、命运所系。"新时代党的建设总要求是:坚持和加强党的全面领导,坚持党要管党、全面从严治党,以加强党的长期执政能力建设、先进性和纯洁性建设为主线,以党的政治建设为统领,以坚定理想信念宗旨为根基,以调动全党积极性、主动性、创造性为着力点,全面推进党的政治建设、思想建设、组织建设、作风建设、纪律建设,把制度建设贯穿其中,深入推进反腐败斗争,不断提高党的建设质量,把党建设成为始终走在时代前列、人民衷心拥护、勇于自我革命、经得起各种风浪考验、朝气蓬勃的马克思主义执政党。必须坚决维护习近平总书记党中央的核心、全党的核心地位,坚决维护党中央权威和集中统一领导,充分发挥党总揽全局、协调各方的领导核心作用，把党的领导落实到国家治理、政府治理和基层治理各领域各方面各环节。

2017年，中共中央、国务院印发的《关于加强和完善城乡社区治理的意见》指出："充分发挥基层党组织领导核心作用。把加强基层党的建设、巩固党的执政基础作为贯穿社会治理和基层建设的主线，以改革创新精神探索加强基层党的建设引领社会治理的路径。加强和改进街道（乡镇）、城乡社区党组织对社区各类组织和各项工作的领导，确保党的路线方针政策在城乡社区全面贯彻落实。推动管理和服务力量下沉，引导基层党组织强化政治功能，聚焦主业主责，推动街道（乡镇）党（工）委把工作重心转移到基层党组织建设上来，转移到做好公共服务、公共管理、公共安全工作上来，转移到为经济社会发展提供良好公共环境上来。加强社区服务型党组织建设，着力提升服务能力和水平，更好地服务改革、服务发展、服务民生、服务群众、服务党员。"

2018年，习近平总书记在上海考察时强调，城市治理是国家治理体系和治理能力现代化的重要内容。加强社区治理，既要发挥基层党组织的领导作用，也要发挥居民自治功能，把社区居民积极性、主动性调动起来，做到人人参与、人人负责、人人奉献、人人共享。相关理论阐述不断丰富发展，体现了党和国家对基层党建和基层治理之间关系的认识和理念的深化，也是党和国家对目前在基层治理中面临问题挑战在顶层设计层面予以的回应，为城市基层党建引领基层治理指明了发展方向。

2019年，党的十九届四中全会指出，我国国家制度和国家治理体系的显著优势，首要的是坚持党的集中统一领导。推进基层治理更是如此，基层是国家治理的最末端，也是服务群众的最前沿，厚植党的执政根基关键在基层，推进改革发展稳定的大量任务在基层，推动党的政策落地落实最终也是在基层。坚持党的全面领导，强化党建引领，推进基层治理体系和治理能力现代化就抓住了关键和根本。

2019年，中共中央办公厅印发的《关于加强和改进城市基层党的建设工作的意见》指出："增强街道社区党组织政治功能和战斗力。街道社区党组织应当教育引导党员干部旗帜鲜明讲政治，增强'四个意识'，坚定'四个自信'，做到'两个维护'。推进'两学一做'学习教育常态化制度化，推动习近平新时代中国特色社会主义思想进社区、进头脑。落实全面从严治党要求，加强基层党风廉政建设，营造干事创业良好环境。加强对基层各类组织的政治引领和对居民群众的教育引导，坚决抵御国内外敌对势力、邪教组织和非法宗教活动的影响渗透，坚决同削弱和反对党的领导、干扰和破坏城市社会稳定的行为作斗争。"

2020年，习近平总书记在吉林考察时强调，推进国家治理体系和治理能力现代化，社区治理只能加强、不能削弱。要加强党的领导，推动党组织向最基层延伸，健全基层党组织工作体系，为城乡社区治理提供坚强保证。基础不牢，地动山摇，基层治理水平影响国家治理水平，基层治理能力关系国家治理能力。我们要加强党的建设，把党建工作贯穿在基层治理的方方面面，把党的政治优势、组织优势、群众优势转化为治理效能，以基层治理能力与治理水平的现代化建设推进国家治理体系和治理能力现代化。

2021年，中共中央、国务院印发的《关于加强基层治理体系和治理能力现代化建设的意见》指出："加强党的基层组织建设，健全基层治理党的领导体制。把抓基层、打基础作为长远之计和固本之举，把基层党组织建设成为领导基层治理的坚强战斗堡垒，使党建引领基层治理的作用得到强化和巩固。"

【实践探索】

一、如何健全党建引领社区治理机制

坚持和加强党的全面领导，对进一步加强党建引领基层治理创新、实现基层治理现代化明确了方向。近年来，各地通过加强区域化党建工作、做实社区党组织推进解决居民群众实际困难、保持社区党组织和党员与群众的血肉联系等方式，不断探索党建引领社区治理的工作机制，形成了密切党群关系"13579"、"大党委"、党建引领老旧小区治理"红蜂筑巢"、"书记一号工程"、践行"三个如何""13335"等工作法。

（一）密切党群关系"13579"工作法

密切党群关系"13579"工作法的目的是解决以往社区党组织和党员联系群众不够紧密、服务形式单一、社区党组织战斗堡垒作用发挥不明显等问题，其主要做法可以概括为：

"1"是党建引领突出政治功能。施行"六类管理法"，即在职党员"目标式"管理、无职党员"设岗式"管理、离退休党员"余热式"管理、流动党员"风筝式"管理、失联党员"查找式"管理、困难党员"帮扶式"管理，使党员管理教育从"一勺烩"到精准"分类管"，社区党组织变成了"吸铁石"。

"3"是建章立制。社区"两委""约法三章":一是善政,带头勤学善思,争做学习型干部,争创学习型班子。二是廉政,带头严于律己,树立良好形象。三是勤政,带头勤勉敬业,彰显为民情怀,不辜负组织信任和人民的重托。社区党员"约法三章",倡导社区党员时刻践行"我是一名党员,我要做到最好":政治上,坚持党性原则,不忘本、不失信、不传谣。纪律上,敢为先、敢反省、敢担责。生活上,践行礼仪待人、团结邻里、遵纪守法;不私搭乱建、不参与赌博、不大操大办。社区居民维护楼道环境"约法三章",环境共维护、小广告不进楼、楼道不堆物。

"5"是"五常五送"。树立服务群众理念,上连党心、下接民心,形成"五常五送"工作准则,即常敲空巢老人门、嘘寒问暖送贴心,常串困难群众门、排忧解难送爱心,常叩重点人群门、沟通疏导送舒心,常守居民小区门、打防管控送安心,常开休闲文明门、和谐追梦送欢心,把联系服务群众做到居民家门口。

"7"是"七彩七倡"。与驻区企事业单位联创联建,将志愿服务分为七个板块:道德讲堂七彩红,提升素质倡美德;普法安全七彩橙,知法懂法倡律己;精彩公益七彩黄,温暖你我倡无私;环保节能七彩绿,勤俭节约倡循环;扶弱助困七彩蓝,甘于奉献倡爱心;实践就业七彩青,独立创新倡自强;青春健康七彩粉,阳光生活倡向上。

"9"是各职各类人员"实现九个五"。"五必清"("两长四员"和社区工作者):网格整体情况必清、工作职责任务必清、重点帮扶对象必清、入户走访情况必清、居民关注热点必清;"五必报"("两长四员"和社区工作者):有不安全隐患必报、居民集中诉求必报、社区环境问题必报、发现房屋出租必报、居民无证养犬必报;"五必访"("两长四员"和社区工作者):困难群众每月必访、独居老人每月必访、残疾家庭每月必访、流动人口每月必访、失业人员每月必访;"五必到"("两长四员"和社区工作者):社区突发事件必到、邻里矛盾纠纷必到、社区志愿服务必到、居民思想波动必到、居民困难病重必到;"五必学"(社区党员和社区工作者):坚持以上率下示范学、坚持集中交流讨论学、坚持红色资源体验学、坚持电教专题警示学、坚持发动居民一起学;"五必听"("两长四员"和社区工作者):广场居民议必听、驻区单位说必听、办事群众讲必听、非公企业谈必听、楼栋居民提必听;"五必帮"("两长四员"和社区工作者):低保优抚对象必帮、临时救助对象必帮、大病重病对象必帮、安置帮教对象必帮、驻区非公企业必帮;"五必禁"(社区党员):非法集资必禁、黄赌毒必禁、大操大办必禁、私搭乱建必禁、优亲厚友必禁;"五必诺"(社区工作者):不让来办事的群众受冷落、不让办理的事项积压延误、不让工作的差错重复发生、不让社区的形象因我受损、不让群众的利益受到损害。

案例做法

架起党群连心桥
——天津市宝翠花都社区

宝翠花都社区位于天津市北辰区环瑞南路,占地0.76万平方公里,住宅楼近30栋,居民1100户3100人。密切党群关系"13579"工作法实施以来,促进了社区党建和社区治理的深度融合，使社区居民获得感、幸福感、安全感更实在、更可持续。

党建工作到楼门。63个楼门配齐"两长四员"（党小组长、楼长、卫生员、监督员、治安员、调解员），构建"社区党总支—小区党支部—楼栋党小组—党员中心户"的"四级管理"，让党组织覆盖到社区神经末梢。

建立社区共建共治共享长效机制。建立民主协调议事机制、社区民情恳谈会、党员听证会及社区工作评议制度，切实解决事关群众利益的热点难点问题，保证好事办好。实施"阳台菜园"项目，让居民把开心农场搬回家。"星期五义务劳动"常态化，"红色菜篮子"赢得"小小菜篮子，凝聚大民生"的美誉。

绘制"七彩民情图"。建立老年人关爱台账，组建"织梦桥"等15支服务队，成立聊天、串门、守望等互助组，实行网格员+党员"二对一"帮扶，对空巢、独居老人"早看窗帘晚看灯"，提供买菜、送饭、洗衣等上门服务近4000人次，解决居民微心愿450个。培育"里仁为美"邻里文化，挖掘社区小名人550人、社区小公约280条、社区小家训350条，形成"苦有人问、难有人帮、事有人管"一家亲氛围。

（二）"大党委"工作法

"大党委"工作法是社区党组织"以党建带共建"原则的具体体现，是整合各种资源和多方力量投入社区治理的具体实践。

一是突出"大党委"的领导作用。社区党组织充分调动、发挥社区内机关、团体、部队、企事业单位等社区治理主体的作用，建立和完善社区共建格局，在社区党组织的领导下，实现社区内各种组织资源的整合、集聚，形成整体合力，激发社区活力，以党建为引领，覆盖、凝聚更多的企事业单位，吸引更多的社会力量参与社区治理，形成共建、共治、共享的工作格局。

二是建立共议共商的组织架构。真正发挥"大党委"的领导作用，形成共议共商的组织架构，通过完善组织架构为强化社区党组织领导地位提供保证，实现社区内的公共议题、难题通过"大党委"共同商议解决。组建社区与驻区单位党组织双向交叉联系、交叉任职的"大党委"机构，增设职位数量，吸纳更多的单位参与进来；拓展职能范围，深化驻区单位的参与度；加强体制联系，便利社区党组织与驻区单位党组织之间以及驻区单位党组织之间的互动。

三是以党建带共建。以"大党委"为统揽，加强城市基层党建工作，整合社区内各企事业单位的党组织资源，带动社区共建。创建共建制度体系，深入开展社区共建活动，增强驻区单位、社区各类组织和社区全体成员的地缘意识、参与意识、公共服务意识，形成共驻社区、共建社区、共享社区资源的良好态势，最大限度地实施人力、物力、财力和其他社会资源的优化整合利用，不断推进社区建设。

四是创新共建共享的运行机制。"大党委"坚持服务原则，充分发挥协调者、引导者的角色作用，坚持整合优势资源、自愿结对的原则，坚持针对社区居民实际需求开发服务项目与挖掘驻区单位现有服务资源相结合，鼓励社区单位奉献社区与支持其按市场原则运作相结合，通过社区联席会议、互动走访交流、项目合作运营、对接结对等形式，实现共建共治、互惠互利、共享共赢的局面。

案例做法

"大党委" 互惠互利

——吉林省长春市长山花园社区

长山花园社区地处长春市城乡结合部，困难群体居多，社区治理建设任务比较重。长山花园社区结合社区党委换届，选举出5位社区委员，吸纳并选举7名企事业单位的党组织负责人担任兼职委员，组建"大党委"。由于驻区内的社会资源比较少，仅有胜利医院和团山小学，长山花园社区突破区域限制，将社区周边银行、公交集团、律师事务所等企事业单位纳入"大党委"成员单位，建立议事规则和驻区单位联席会议制度，健全"大党委"运行机制。

驻区单位：社区党委协调胜利医院每年为社区居民免费体检，妇女节为妇女免费体检，重阳节为60岁及以上的老人免费体检，这一活动已持续了十几年。针对社区周围居民主要以贫困人口、下岗职工、无业游民等为主，社会环境比较混乱的实际情况，从2004年开始，社区党委与团山小学合作，到校内开展警示教育并取得良好效果，成为长春市首批开展警示教育的社区。在此基础上，社区还成立"青少年健康加油站"，请学校老师给社区内的学生讲课，并教导学生与家长沟通，由此形成了良性互动的长效机制。

域外单位：通过各企事业单位党组织负责人联席会议制度，为社区治理寻求资源支持。多家银行为社区居民办理便民卡，既可当做普通银行卡做存取款之用，又可额外享受一些优惠政策，在重大节日或者周末时段消费具有折扣优惠。通过"大党委"的平台，不同的单位都根据自身行业性质及居民需求为社区居民提供多种服务，不仅密切了与居民的联系，也积累了稳定的用户，实现了双方互惠、共建共享的双赢局面。

（三）党建引领老旧小区治理"红蜂筑巢"工作法

该工作法是基层党建引领社区治理机制的实践做法，旨在解决老旧小区物业治理难题，冠名"红蜂"寓意着希望居民像蜜蜂一样爱护自己的家园。该工作法以突出党建引领，以赋能管理为支撑，探索"功能型"物业服务全覆盖的老旧小区治理模式，最终目的是夯实党在城市的执政根基。

回应需求，活儿要有人干，事儿要有人管。社区党组织打造功能型物业，把基础保障兜起来。将政府购买服务的常规保洁、便民维修、楼道清扫、冬季清雪、绿化养护、下水清淘、广告清理服务队等力量整合赋能，组成功能型物业，形成"统筹购买在街道、托管引领在社区、评价监督在小区"的长效运转模式。功能型物业不是传统意义上的物业公司，但具备承接物业服务基本功能。社区在小区设立功能型物业办公室，开发社区"智慧通"小程序，需求一键呼叫，真正让居民在小区阵地看得见组织、享受得着服务、参与得了活动。

扩容服务，起点在支部，落点在支部。社区党组织全面实施

"红网筑基"工程,让支部功能转起来。抓实小区支部标准化建设,通过共享、自建、援建方式,在小区广泛建立红网阵地,形成"1+N"点位布局。将组织生活、邻里中心、矛盾调解、志愿招募、便民服务等职能就近整合"五站合一",同步作为社区书记流动办公点。按照"一支部一特色"的原则,灵活打造"绿地认领""党员责任田""小区管家""品牌调解室""爱心理发屋"等一批居民家门口的小区党支部服务品牌。

引领自治,根基在群众,关键在发动。社区党组织把熟人治理优势用起来,引领居民自己能管的事自己管,使社区从居民琐碎的事务中走出来。通过党员再组织、管理再赋能、群众再发动,提升居民自治水平。

统筹资源,优势在社会,潜力在社会。社区党组织做强"黏性链接",把社会资源聚起来。通过对需引入、孵化培育、储备指导,把不同类型社会组织团结在社区党组织周围,补充居民治理和服务力量。

案例做法

党建引领"红蜂筑巢"
——吉林省长春市九圣祠社区

九圣祠社区地处长春市中心地带,是典型的老街区,共有小区3个,其中老旧小区2个,居民4815户,15050人。由于社区内的房屋大多建筑年代久远,治理问题日益凸显。为打通治理链条,九圣祠社区以"红蜂筑巢"为品牌,探索出将居民自治向小区延伸的新模式。

一是发动"三长"持续参与。发放聘书、配发工具、制作手册，规范化开展居民自治服务活动，使居民自治进一步深入推进。社区召开工作推进会，统筹11个网格，选优配强人员队伍，建立"网格长、楼栋长、单元长+蜂巢志愿服务队"工作架构，赋予"三长"和"蜂巢"志愿服务队收集民情信息、调处纠纷矛盾、实施有效监督等职能，根据人员特点组建"红袖标""小蓝帽""黄马甲""老闫品牌调解室""综治协管员"等服务队伍，确保基层治理一统到底。

二是打造品牌效应。建强组织、发动群众、撬动社会资源是"红蜂筑巢"品牌的关键理念，通过"红蜂筑巢"品牌服务深入开展，居民群众欢迎，解决问题管用，城市基层党建理念更加落地，党建责任更加压实，基层治理的支点更加牢固。

三是实现居民"三个看得见"。看得见整体变迁，基础性物业服务全覆盖，老旧小区"旧貌换新颜"，"旧小区"变身"桃花源"。看得见有人管事，"红袖标""黄马甲"多了，广告少了；"园艺师""守门员"多了，乱堆乱放少了，居民自治意识不断增强，走上了小区文明的"快车"。看得见素质提升，"蜂巢"志愿者巡逻小区，对不文明行为进行劝阻，原来私搭乱建、私圈绿地、遛狗不拴绳等共性问题得到有效解决。

（四）"书记一号工程"工作法

"书记一号工程"工作法的目的是把城市基层党建重点任务明晰

化、职责化，使各级党组织书记肩上有担子、身上有责任、工作有压力，有力地推动了城市基层党建工作任务落实。

一是摸准群众需求，确保"书记项目"有的放矢。"书记一号工程"是帮助群众解决困难的民心工程，摸准群众需求，是谋划设计"书记项目"的先手棋。主动下沉摸需求。要求网格长必须工作在网格小区，与楼栋长、单元长搞好联动，与居民做好互动，及时掌握民意，收集群众需求，了解民情信息。开设诉求受理窗口。为畅通社区居民反映问题和诉求渠道，社区专门在党群服务中心设立接待前台，安排社区工作人员轮班值守，确保第一时间热情接待有需要的群众直接反映问题，并予以登记。

二是搞好研判分析，确保"书记项目"量身定做。设计"书记项目"既要考虑群众需求，还要兼顾驻区单位职能及承载能力，做到因地制宜、量体裁衣。分类建立需求台账。社区按照"小区管理、教育培训、扶贫济困、创业就业"等类别，对社区的共建需求、居民群众的服务需求等进行汇总，形成党建和服务需求清单。科学确定项目意向。根据驻区包保部门情况，捋顺每个部门职责，在确保清单需求能够解决的前提下，使之尽量与其职能、资源相匹配，科学合理拿出"书记项目"清单初步意向，推动"书记项目"更快敲定，清单需求更快解决。精准敲定"书记项目"。在清单初步意向基础上，社区带着解决方案征求驻区单位党组织书记意见，与驻区单位党组织书记面对面商榷，达成最终项目意向，确定"书记项目"清单。

三是做好跟踪推进，确保"书记项目"有始有终。"书记项目"的落地落实，是群众对实事工程成果检验的唯一标准。"盯"进度。为确保项目真正落到实处，社区干部跟在部门后、扎在项目中、追着进度跑，实时紧盯项目进展。"跟"责任。为确保"书记项目"能够按计划取得实际成效，对于在推进中容易变形走样或者降低标准的项目，社区及时掌握动态，找准项目每个环节的执行人、监督人，协调各方做工作，避免项目中途夭折。"晒"成效。社区采取制作清单展示板上墙、微信群发布等办法，主动向社区群众"晾晒""书记项目"名称、责任人、完成时限和推进措施等内容，方便社区党员群众参与项目实施、了解项目进度、检阅项目成效。

四是做好融合文章，确保"书记项目"常抓不懈。抓好"书记一号工程"，社区党组织与驻区单位深度融合是关键，彼此认同、互相支持才能保证"书记项目"更有生命力，使社区聚焦契合点，形成默契度。达成"融"的共识。各部门党组织书记带头作表率，亲自上门认领项目，让社区党组织心里有了底气。以前"社区的事"，现在变成了"大家共同的事"，基层党组织的组织力战斗力创造力明显增强。营造"融"的氛围。社区与包保单位互助共建是基础，更是良性循环。各包保单位主动认领"书记项目"、主动承担基层治理任务，社区和群众受益匪浅。丰富"融"的载体。"书记一号工程"的实施，在社区与驻区单位之间、驻区单位与群众之间建立起了桥梁纽带，使社区内的单位、群众成为了一个"共同体"。

案例做法

"连环招"做实"书记项目"
——吉林省白城市军民社区

军民社区位于白城市老城区，面积2.2平方公里，住户4890户12095人，驻区单位31家。社区原来环境脏乱、公共设施破旧，社区可调动的资源有限。2018年，白城市"书记一号工程"实施以来，使用"连环招"项目，在党与群众之间真正架起连心桥，各驻区单位先后在社区认领"书记项目"47个，累计投入311万元，协调驻区单位跟踪"书记项目"800余次，现场通报"书记项目"进展情况100余次，有效解决36个社区改造、小区管理等重难点问题，真真切切用实际行动紧盯社区居民的烦心事、操心事、揪心事。

在近三年的"书记项目"中，有80%的项目意向来自"三长"的民情收集，涉及常年地沟积水、改造供热管道等各类贴近群众生活问题，真正做到计从民出、需从民来。特别是2018年以来，社区登记反映的群众各类需求上千条，其中70条共性问题列入"书记项目"予以解决。通过社区党组织"穿针引线"，各种单位资源倾斜到社区，通过上下联动、协同用力，真正树立起大抓基层的鲜明导向。

此外，社区与驻区单位深度融合，活动联办、资源共享、需求互帮。尤其在重要时间节点，更是团结干部群众的良好契机，2020年四次台风来袭，社区都第一时间向驻区单位通报情况，及时关心提醒，提前告知做好防护措施，减少了驻区单位的损失，就是这样的点滴小事，赢得了驻区单位对社区的理解和认同。

（五）践行"三个如何""13335"工作法

"三个如何"是习近平总书记2014年11月在福建省福州市鼓楼

区东街街道军门社区考察时作出的重要指示,即"如何让群众生活和办事更方便一些,如何让群众表达诉求的渠道更畅通一些,如何让群众感觉更平安、更幸福一些,真正使千家万户切身感受到党和政府的温暖"。各相关社区深入贯彻"三个如何"重要指示,逐步形成了独具特色的工作法,其主要内容可概括为"13335"。

"1"是坚持党建引领。加强思想建设。以习近平新时代中国特色社会主义思想为引领,开设党员教育"微课堂"等,使学习教育常态化制度化;组织"党员活动日"主题活动,激发党员的先锋模范意识。健全组织保障。实施区域化大党建,建立社区党组织—网格党组织—小区党支部—楼栋党小组"四级网络";实行社区党组织"兼职委员制",吸纳驻区单位组建"党建联盟",推行党员登记卡、"三记"(书记手记、民情日记、社区大事记)和"三必访"(党员新进社区必访、党员遇困难必访、党员年终必访)工作制度。

"3"是健全三项机制。健全政社互动机制。抓规划,一张蓝图绘到底;立规则,依法厘清街道办事处和社区居民委员会权责边界,明确社区居民委员会依法履职事项清单和协助政府工作事项清单;促规范,建立街道社区和区直部门工作的双向评价机制,明确社区组织对驻区单位评先选优话语权。健全居民自治机制。社区居民委员会成员、业主委员会成员、物业服务企业人员经民主程序交叉任职;建立民主恳谈、议事、听证、咨询、评议五项协商制度,规范民主协商;组织居民制定完善居民自治章程、居民公约,健全民主管理,组建"两代表一委员"工作室,设立居务监督委员会,实行社区党务、政务、事务、财务、警务"五公开",强化民主监督。健全社区共治机制。构建社区党组织领导,社区居民委员会主导,社区工作服务站、社会组织、业主委员会、驻区单位、居民群众共同参与的社区治理体系，落实共建；推行社区、社会组织、社会工作"三社联动"，引进社会工作专业人才和社会组织，提供专业化、精细化服务，推进共为；社区与驻区单位在停车场地、健身场所、应急抢险、人才队伍等方面资源共用，方便社区居民和单位员工的工作生活，实现共享。

"3"是搭建三个平台。健全社区党组织服务群众活动平台，设立集党建、民政、卫生健康、综治等于一体的综合受理窗口。搭建社区工作平台。推行"一门式服务""错时工作制""无假日社区"等，方便居民群众办事。搭建社区诉求平台。常态化开展"入民户、访民情、交朋友、解难题"活动，设立社区书记、主任信箱，建立"居民恳谈日"制度，畅通诉求化解渠道。搭建社区服务平台。利用"互联网+"，采取一线（社区总机）、一台（信息化平台）、一册（社区服务手册）等服务方式，实现社区信息互通、资讯共享、查询方便。

"3"是强化三项保障。强化队伍保障。健全社区党组织服务群众保障措施，推行职务职业资格"双轨并行"人才培养链，打造"专业型"社区工作者队伍；建立志愿者电子档案，设立"爱心银行"，打造"奉献型"志愿者队伍。强化设施保障。建设"一老一少一普"（老年人服务站、少儿成长服务站、文化普及服务站），开辟社区居家养老照料中心、"四点半课堂"、"阳光朵朵"托管中心等服务站点。强化经费保障。形成财政投入、便民服务低偿运营和党费回拨、社会捐赠、居民自筹等社区多方经费保障机制。

"5"是打造"五在社区"。"安居在社区"。推行社区党组织活动经常化，实行"片长制"网格化管理，建立集治安、调解、普法、帮教、巡逻、安全"六位一体"的群防群治志愿者队伍；实行住户自防、楼院互防、小区联防"三防"社区治安群防群治机制；发挥老党员、老干部、老法官、老教师、老军人作用，开展"爱心感召"活动，帮助社区矫正对象回归社会；推行"律师进社区"，构建"调解员＋律师＋志愿者"矛盾调处模式。"友爱在社区"。推出"吉祥三宝"项目，动员党员干部和爱心人士为困难群体提供助学、助医、助困服务；建立外来务工人员子女、失足青少年、低保户、失独家庭的档案和联系卡，实行常态化结对帮扶。"和谐在社区"。推行"五情"（祖国培育情、父母养育情、夫妻恩爱情、邻里友谊情、社区互助情）教育，倡导邻里相亲、守望相助；开展"居民周末义务劳动""清洁家园"等活动，创建文明家园。"欢乐在社区"。开展"社区读书月"，设立社区文化长廊，弘扬社会主义核心价值观和家风家训等传统美德；组建社区舞蹈、曲艺等文化队伍，打造社区文化品牌。"幸福在社区"。组织"最美阳台""最美屋顶""最美庭院""最美墙体""四美"评选；组织各种敬老、春游、睦邻等活动，构建向上向善的温暖幸福家园。

案例做法

聚焦"三个如何"提升社区治理水平
——福建省福州市军门社区

军门社区成立于1952年，社区面积约0.18平方公里，现有楼院68座，常住居民约3500户，1.3万余人。军门社区围绕"如何让群众生活和办事更加方便一些，如何让群众表达诉求的渠道更畅通一些，如何让群众感觉更平安、更幸福一些"，通过"13335"多项措施加强思想建设、健全组织保障、强化宣传引导，不断推动社区党组织扎根社区，深入社区工作各个方面。

军门社区将一站式服务窗口由60平方米扩大至145平方米，添置便民服务触摸屏信息查询系统，收录交通出行、水电服务、社区保障、教育政策等与生活密切相关的信息，使居民不出社区就能查询到各项政策，实现"数据多跑路，群众少跑腿"的政务服务新模式。

社区聚焦"让群众生活和办事更方便一些"，积极运用科技打造"智慧社区"，依托"鼓楼社区幸福通""鼓楼智脑"等载体，建成信息综合服务平台；实行"一号申请""一窗受理""一网通办"等"互联网＋服务"模式，提供在线互动、政策推送、办事流程查阅等业务，打造"社区10分钟服务圈"，把便民服务送到群众家门口。社区聚焦"让群众表达诉求的渠道更畅通一些"，依托"林丹党代表工作室""议事厅"，创建"参与式预算""微实事协商"等机制；每月10日邀请机关单位、物业公司等部门负责人现场办公，开展"居民恳谈日"活动，将"为民作主"转化为"让民作主"，引导居民积极参与社区治理。社区聚焦"让群众感觉更平安、更幸福一些"，依托社区综合文化服务中心、"两中心两厅一平台"等，先后设立了党员活动室、垃圾分类亭（屋）、小区微型消防站、巾帼志愿者驿站等场所，为居民群众提供零距离、全方位的服务，实现生活便利化和安全化。

二、如何充分发挥基层党组织战斗堡垒作用和共产党员先锋模范作用

推进基层治理体系和治理能力现代化，要充分发挥基层党组织作用，紧紧围绕基层党组织设计、实施和运行。要深刻把握基层党组织在社区治理中的重要作用，深刻认识基层党组织在其中承担的政治引领、组织引领、作风引领等角色定位，充分发挥基层党组织的领导作用，为社区治理提供坚强政治保障和组织支撑。要持续充实基层党组织人员力量，发挥党员在社区治理中的先锋模范作用，使党员成为社区中具有较高政治觉悟与较强参与能力的先进主体，带领居民打造共建共治共享的基层治理格局，不断提升社区居民的获得感、安全感和幸福感。

各地积极发动包括老党员、在职党员在内的社区党员成为居民骨干，担任社区社会组织负责人，领办社区各项活动，带头响应党和政府的动员和号召，进而带动社区居民共同参与社区公共事务和公益事业，提升社区党组织的组织力、凝聚力，形成了"六建六助"、"兼合式"党支部、党组织引领打造"四心"、党组织引领老旧社区乐居治理、发挥党员先锋模范作用"五色行动"、群防群治"四个一"等工作法。

（六）"六建六助"工作法

"六建六助"党建工作法是不断推进和完善社区党建工作、促进党建工作引领社区治理、提升社区居民生活质量的有效探索，其核心要义是在党建赋能下，通过建立"1+N"党员服务站点，将社区

内的党员调动并组织起来,建立双网融合的体制机制,将党员、骨干交错分布于两网之中,同时注重在社区内建立党员模范共同体,发挥其示范带头作用,做到精细化服务,满足居民需求。

精建"1+N"阵地体系,助力服务触角延伸。强化政治引领,充分利用社区宣传栏和墙面空间设立展板展架,积极宣传党的路线、方针、政策和社会正能量,营造浓厚的党建氛围。针对不同群体科学设置社区服务功能,比如:针对高龄、空巢、孤寡等特殊人群,设置代办、送餐、助医等居家养老服务功能;针对在职人群,设置家政服务、就业指导、法律咨询等服务功能;针对青少年,设置心理疏导、课后托管、课业辅导等服务功能;针对困难弱势群体,设置帮扶救助、医疗康复、法律援助等服务功能。延长服务时间,社区上下班时间提前、错后一小时;午休时间设立轮值办事窗口;设立综合办事服务窗口,服务人员做到业务"一口清"和"一岗通办";节假日社区活动室全天开放,方便社区居民办事;等等。

构建小区组织体系,助力党建引领升级。按照"居民有需求、党员有意愿、作用能发挥",组建小区(楼院)党组织、楼栋党小组。注重从社区老党员、老干部、老教师以及热心公益事业的群众代表中培养骨干力量,充分发挥他们在参与社区治理、宣传发动群众、弘扬新风正气等方面的关键作用,支持帮助社区党组织做好群众工作。建立大事共议、实事共办、要事共决、急事共商、难事共解"五事联办"机制,建立民情恳谈会、事务协调会、工作听证会、成效评议会等"四会制度",定期组织居民群众协商议事,就近就便解决困难。

搭建互联互动桥梁,助力区域融合发展。围绕"居民群众得实惠、驻区单位得便利、社区工作得支持"三方受益的目标，整合社区内外多家企事业单位成立党建联盟，建立"党建共融、资源共享、服务共做、区域共治、事务共商"联建机制，通过采取集中式、自发式、订单式、组团式服务，建立居家养老、职业发展、心理疏导等优质服务项目。

实建"三长"联动机制，助力治理效能提升。选聘网格长、楼栋长、单元长，发挥"三长"主人翁作用，在新冠肺炎疫情防控中，协助做好政策宣传和吉祥码注册工作，排查稳控外来疫区人员，主动担当居家隔离人员的"跑腿员""采购员""代办员"，实现由政府单兵作战转变为社会全民抗疫。在隐患排查中，"三长"协助对安全隐患、稳控人员进行逐级上报、分级处理，共同守护社区家园，进一步提升平安建设工作水平。在矛盾纠纷化解中，用"三长"去做身边群众工作的方式深受欢迎，真正做到了小事不出社区、大事不出街道，营造和谐稳定的邻里关系。

创建新型党建平台，助力服务手段优化。整合社区内党建资源、行政资源、社会资源、生活资源形成线上便民服务模块，让百姓足不出户知晓政策、办理政务、享受服务。建立社区专用微信公众号，定期与不定期发布调查问卷，广泛征集居民需求、意见建议，设计发布服务项目和活动内容，引导群众参与社区建设。建立邻里微信群，由网格长负责强化群内秩序管理和维护，及时准确发布社区政务、活动、就业等相关信息，解答居民疑问，疏导负面情绪，畅通诉求渠道。

融建服务转型升级，助力精准服务到位。整合驻区单位、非公有制经济组织和社会组织、居民群众服务资源和需求建立清单，提供精准化、精细化服务。健全驻区单位、党员、在职干部、困难人群、志愿者"五本信息台账",为社区服务提供"数据源"和"活情况"。针对群众的思想需求、政务需求、生活需求、文化需求、社会保障需求、平安和谐需求设计"六类服务项目",满足人民群众不同需求。通过勤走访、唠家常、帮人忙,实现党的声音传播到家、新春佳节恭贺到家、突发情况温暖到家、家庭纠纷调解到家、生活困难慰问到家、大病住院看望到家、健康卫生关爱到家"七个服务到家",拉近与群众距离,增强群众对社区党组织的信任感和依赖感。

案例做法

推动社区服务转型升级
——吉林省长春市龙兴社区

长春市南关区长通街道龙兴社区地处南关区最北部,是传统老城区,毗邻"新天地""光复路""大马路"三大商圈,面积0.27平方公里,辖3个居民小区,17栋楼宇,总户数2314户,人口6745人,在籍党员157名。

龙兴社区党委充分发挥党建引领功能,有效整合各方面力量,搭建多方共治平台,广泛引导招募党员、群众、志愿者成立环境监督、小区巡逻、矛盾调解、跑腿代办等志愿服务团队16支,成立两家社会组织,承接省、市、区共9个社会工作服务项目,受益人群达3200人。龙兴社区重视分析评估居民的需求,为他们提供更加专业的服务;主动了解群众需求,实地调查弱势群体的真实需求，将调查结果与服务能力、服务资源相结合，运用个案工作、小组工作、社区工作三大社会工作方法为弱势群体提供专业化、自主化、有尊严的服务，累计服务居民2500余人次。

建立起区域互联互动桥梁，帮助数百名下岗居民实现再就业，帮助数百家失业家庭走出困境。一方面，积极组织社区下岗居民培训提高自身素质；另一方面，对驻区企业进行拉网式调查，大到大型商贸企业，小到超市、小吃部，尽最大努力支持驻区企业发展壮大，并吸纳更多社区居民就业。在实践中总结出安置下岗职工再就业的三招：第一招是广泛联系驻区单位；第二招是挖掘身边资源，利用多种渠道为社区下岗职工安排就业；第三招是和下岗职工交心，做他们的思想工作转变择业观念。

（七）"兼合式"党支部工作法

党员是加强党在城市执政基础的重要力量，提高党建引领城市基层治理能力必须充分发挥党员的引领和带动作用。"兼合式"党支部充分发挥党员八小时以外监督管理作用，进一步强化党员的责任意识，树立良好形象，促进了党员先锋模范作用的发挥。同时，"兼合式"党支部打破了行业、区域限制，突破了传统党建模式的单一性、封闭性，在吸纳机关企事业单位党员、物业公司党员、流动党员加入"兼合式"党支部的同时，充分发挥各行各业党员的服务资源优势，实现资源整合、优势互补、机制衔接、功能优化，为提高城市基层治理能力夯基垒台。

建立健全机制，突出政治功能，对在职党员管理"严起来"。建立社区党员动态管理机制。通过完善社区党员信息库，组建党支部、党小组微信群，实时分析掌握社区党员流动情况，及时将新流入党员纳入"兼合式"党支部教育管理，确保流动党员管理不落空。建立党员表现征求意见机制。由"兼合式"党支部定期梳理社区党员正、负表现清单，实行服务积分，根据服务次数分别累计积分，年底把评比结果以书面形式形象地反馈给在职党员所在单位，为各单位在涉及党员评优评先、提拔使用、晋级晋职等重大事项时，提供客观真实的参考。建立党员双岗服务机制。按照"工作在单位、服务在社区、奉献双岗位"的原则，引导鼓励在职党员在社区亮身份、领责任、作表率，全方位发挥先锋模范作用；同时进一步把党员身份亮在家门口，为党员家庭户悬挂"共产党员之家"标志牌，进一步强化党员责任感。

强化综合服务，着眼深度效能，使在职党员"动起来"。社区党组织把提升基层治理能力和服务居民群众水平作为加强"兼合式"党支部建设的着眼点和落脚点。推动建立"红心物业"，提升物业服务水平。利用物业公司办公楼作为活动场所，成立"兼合式"党支部议事中心，每月党支部成员与业主代表沟通一次，及时解决业主反映的诉求。

凝聚红色力量，助力基层治理，将在职党员旗帜"树起来"。一个党员就是一面旗帜，在"兼合式"党支部中，在职党员能够在八小时以外密切群众关系，在一件件、一桩桩大事小情中，与居民群众想在一起、奋斗在一起，用自己的实际行动展示着全心全意为人民服务的风采。在职党员用真情暖意、用无私奉献打通了服务群众"最后一百米"，给居民群众提供实实在在的帮助。在职党员与离退休党员、物业公司党员、流动党员通力合作，共同助力基层治理精细化，凝聚红色力量、发挥先锋榜样作用，为民办实事、为民付真心、为党旗添光彩。在党员的影响和带动下，越来越多的居民参与到社区治理当中。

案例做法

让在职党员在社区治理中有事可干
——吉林省四平市阳光社区

2019年，阳光社区成立了全市第一家"兼合式"党支部，发挥在社区居住的在职党员、离退休党员、物业公司党员、流动党员的作用，使他们参与到社区治理服务中，提升了社区治理能力。

一是提升群众参与度。社区党委通过开展志愿服务，吸引离退休党员、在职党员到就近小区加入"兼合式"党支部。目前，阳光社区已成立6个小区"兼合式"党支部，共吸纳党员821名，辐射带动居民6307户、1.7万余人共同参与社区治理。通过志愿服务，吸引离退休党员、在职党员进社区亮身份、做承诺、践表率，开展"点亮微心愿，情暖千万家"等活动，加深了党群关系。

二是提升治理成效。社区党委经过深度整合，把驻区物业公司转化为社区治理的有生力量，使物业公司从驻区单位逐步转化为共建单位。把物业队伍打造成为党的工作队伍，成立公司党支部，成为"红心物业"，将物业公司各项服务工作置于社区党委领导之下，并将其吸纳为社区党建工作联席会议成员单位，实现了党的组织和党的工作在物业公司的双覆盖。通过社区党委与四季阳光物业公司的资源共享、活动共办、困难共帮，大幅度降低了各自的党建工作成本，避免了重复建设，使资源的利用和功效达到最大化。

三是提升居民幸福感。"兼合式"党支部围绕中心服务大局，充分发挥党建引领城市基层治理的作用，引领带动居民群众参与环境卫生整治，文明城、卫生城、平安城创建，"幸福小区"创建等工作。"兼合式"党支部楼道"红管家"共为居民协调、调解各种家庭问题130余件，在职党员积极帮助协调有关部门解决弃管小区楼道没电、居民摸黑走路的问题，解决居民生活环境脏乱差等。

（八）党组织引领打造"四心"工作法

一些社区在强化党组织引领的基础上，抓住"四心"（人心、安心、爱心、民心）推行"两委一中心"（社区党委、社区居民委员会、党群服务中心）模式，构建"党委—党支部—党小组"的三级组织架构。充分用好党群服务中心，推行为民服务全程代理制，突出打造居民"一站式"服务平台，真正把党组织的触角延伸到每个楼栋，着力解决社区多年来存在的基础设施薄弱、弱势群体多、办公条件差、社会治安乱、矛盾纠纷频发等突出问题。

抓共建暖人心，奏响共建共享"协奏曲"。发挥驻区共建单位政策、资源、人才、信息等优势，探索党建工作联创共建模式，向每一位在职党员发放《在职党员进社区活动证》，记录服务情况及表现。通过与驻区共建单位和在职党员的良性互动，奏响了社区共驻共建共治共享的"协奏曲"。

抓治理保安心，提升社区居民"安全感"。推进社区网格化服务管理。社区划分为11个网格，建立"社区—网格员—楼栋长—居民（商户）"网格治理服务体系，摸清居民基本情况，建立"居情格子簿"，精心开展网格服务。

抓载体聚爱心，激发社区社会组织"新活力"。社区将办公大楼无偿提供给社区志愿服务中心等社会组织使用。

抓阵地乐民心，搭建精神文化生活"大舞台"。社区以夯实文化阵地、打造文化品牌为抓手，搭建起居民精神文化生活的"大舞台"。社区书记牵头建立工作室，宣传党的精神，讲授传统文化、医疗卫生、运动养生等专业知识；设立社区妇女儿童中心，开展寓教于乐的文化活动，让孩子们在欢乐中成长。

案例做法

"四心"打造幸福筠泉
——江西省高安市筠泉社区

江西省高安市筠泉社区共建立11个党支部，36个党小组。社区将党员群众服务中心设在一楼，整合12个服务窗口，办理54项便民服务事项，让居民只进一个门、只找一个人、只跑一次腿就能办成事。

与共建单位市中医院进社区开展家庭医生签约服务，

提供健康体检、用药指导、特殊病人随访治疗等个性化服务等。共建单位进社区，党员一对一帮扶困难群众。社区将困难居民的合理诉求进行登记，发布"微心愿"，由在职党员和志愿者认领解决，让居民说"住在身边的共产党员好"。

依托公益团队设立社区心理咨询室，为老年人、残疾人等免费提供心理疏导、减释压力服务，让居民有一个可以谈心交流、释放压力的场所，从而促进家庭和社区的稳定与和谐。免费为贫困居民修理生活用品，长期到孤寡老人家照料。社区成立爱心捐赠站，5年来，共为260多户特困家庭捐助物资达20多万元，扶助贫困学子82名。同时，免费开放1200余平方米的文体活动中心，老年活动室、运动健身室、图书室、书法绘画室等功能一应俱全。组织居民群众成立广场舞协会、柔力球协会、太极拳协会、腰鼓龙灯协会，先进、健康的文化丰富了社区居民业余生活，活跃了社区氛围，社区真正成为了居民群众的"开心乐园"。

（九）党组织引领老旧社区乐居治理工作法

一些社区坚持以党建为龙头、以自治为方向、以服务为根本、以文化为灵魂，着眼于解决开放式老旧小区人口密度大、人员构成复杂，居民自我管理意识不强但需求多样化，党组织吸引力不够、文体骨干较少等困扰社区治理的难点、痛点问题，实施"4321"工作法，即"四个一"理念、"三大抓手"、"两种模式"、"一个品牌"。

树立"四个一"理念，让社区治理体系有"高度"。发挥社区党组织"一盏灯"引领作用。把以人为本、服务群众作为基层党建工作的出发点和落脚点，抓学习、统思想、定路子、把方向，通过以党风带社风、以社风汇民风，让老旧社区呈现环境整洁、居民有礼、社区和谐的新风貌。发挥党支部"一杆旗"攻坚作用。以支部为单位，将落实党内组织生活制度体系与服务群众相结合，实施养老助老、拆迁动员、文体活动、志愿服务等工作分工包挂，进一步密切党群关系。

找准"三大抓手"，让社区治理工程有"根基"。探索"四步"工作法，引导各方参与协商民主。社区党组织组织社区"两委"、党员代表、居民代表和利益相关方等"四方"，按照收集议题、协商议事、分流落实、监督评审等四个步骤，协商解决社区热点难点问题，变党委、政府"为民做主"为百姓"自己做主"。

创新"两种模式"，让社区治理服务有"保障"。试点"全岗通"工作模式，实现一门受理、全能服务。以"标准化、信息化、网格化"为支撑，将社区工作者从传统的前台窗口服务中解放出来，有更多的精力、人力下沉到网格中去。"四社联动"升级为"五社联动"，提升社区多方治理动能。探索引入社区公益慈善资源参与社区治理，将原有的以社区为平台、以社区社会组织为载体、以社会工作专业人才为支撑、以社区志愿者为补充的"四社联动"模式"提档升级"，实现"五社"良性互动和顺畅沟通。

打造"一个品牌"，让社区治理过程有"温度"。坚持以活动塑品牌，以品牌汇人文，精心打造党建引领下的"人和乐居"社区治理品牌，分领域设置文体、民生、服务、志愿等6大领域14个子品牌，调动各方积极性拧成一股劲，推动社区各项事业全面发展。

案例做法

党员带头　带动居民
——山东省济南市甸柳一居社区

济南市历下区甸柳新村街道第一社区党委将13个党小组横向链接成片，纵向拓展成网，从环境维护到民生诉求、从安全排查到矛盾调处，全部通过党小组来收集、传递、落实、反馈，实现社区大事小情结网对标、共治共管精准服务。发挥党员"一团火"带头作用。通过设立党员责任区、党员示范岗、党群服务队，发动党员身先示范，带动居民共同参与。

构建"社区党组织—网格党支部—党小组—党员骨干"四级网络体系，将社区干部、楼长、城管工作站人员、社区民警等八类人员全部纳入网格，成立"百姓城管队""邻里团""帮帮团"等多支网格服务队伍，汇聚党员群众800余人参与社区治理，用"小网格"改善"大民生"。组建"党员管家班"，引导各方参与志愿服务。以党员为主体发挥各自专长，成立楼院环境、医疗保健、法律援助、市民教育等14支服务队组成的"党员管家班"，将社区像"家"一样管起来。发动注册志愿者1200余人，先后开展了社区巡防、健康宣讲、文艺汇演等志愿活动500余次，取得了良好的社会反响。

采用"搭台筑巢、外引内孵"的方式，从居民角度出发，根据需求，培育出40余家多领域的社区社会组织。通过志愿服务项目化引导志愿者积极投入到公益项目中，并通过公益积分兑换调动广大居民的参与热情。目前，社区注册志愿者已达到1200余人。

（十）发挥党员先锋模范作用"五色行动"工作法

"五色行动"工作法是发挥共产党员先锋模范作用，解决社区管理运行体制不顺、社区服务资源不足、社区居民参与程度不高等问题的创新做法。"五色行动"工作法，即"红色先锋行动""蓝色公益行动""橙色睦邻行动""绿色治理行动""银色助老行动"，以五种颜色代表五项行动，逐步摸索出一条"党建引领、多方参与、依靠群众、共治共享"的社区治理模式。

开展"红色行动"，建"党员作表率"的先锋社区。坚持深化"大党委"工作机制，积极构建区域化党建格局，形成了"横到边、纵到底、全覆盖"的"大党委"组织体系。

开展"蓝色行动"，建"人人行义举"的公益社区。围绕居民需求，深化"蓝马甲"志愿服务，打造"快车、医疗、摄影、维修、助学"等十支党员先锋队，为居民开展"一对一"服务；自主培育"公益红娘""缝补坊""辣妈学院""抱抱团病友会"等品牌，充分发挥党员的模范带头作用，引导更多居民做公益；成立"和事佬调解工作室"，邀请社区老党员、老干部等有威望的同志加入，及时调解各种矛盾纠纷。

开展"橙色行动"，建"居民相帮扶"的熟人社区。社区党组织针对居民不同需求开展有针对性的服务活动。针对儿童青少年，提供幼儿亲子教育、作业辅导、青少年学校等服务项目；针对老年人，开办老年大学，设置剪纸班、篆刻班等各类特色课程。利用社区微信公众号、手机 App、智慧社区平台，及时发布各类社区信息，实现居民需求与服务供给的精准匹配。

开展"绿色行动"，建"人生都出彩"的梦想社区。积极探索"互联网＋社区服务"，扎实推进智慧社区建设。依托微信、微博、"智慧社区"手机 App 等，整合社区资源，探索建立社区服务"O2O"模式，切实打通服务社区居民"最后一公里"。

开展"银色行动"，建"老人受尊重"的敬老社区。为老人配备"一键通"手机，发挥党员先锋模范作用，成立党员志愿者服务队，建立全天候、实时在线的社区养老生活照顾服务，为居家老人提供 7 天×24 小时平安照护、出行方位确认、服务一键呼叫等特色服务；建立社区与家庭、老年人与养老服务提供方、老年人与子女的沟通联络机制；建立老年人电子健康档案，与社区医疗机构携手建立医疗跟踪服务，为老年人量身打造医疗保健套餐，为老年人提供最及时、最贴心、最便捷、最具品质的居家养老服务，建立"两长四员"（党小组长、楼栋长、卫生员、治安员、物管员、调解员）定期上门看望机制，为社区老人制作幸福日历，随时掌握老人动态。

案例做法

"红色先锋"引领七彩生活
——山西省太原市亲贤社区

亲贤社区位于太原市长风商圈核心区域，面积 0.8 平方公里，截至2021年8月，共有常住居民4300余户1.9万余人，流动人口2万余人，党员1000余人，其中直管党员320余人。

2018年以来，社区成立了党建协调委员会，吸纳辖区所有党组织负责人以"兼职委员"的身份加入社区党委，建立党建联席会议制度，形成合力，实现共商、共建、共治、共享。在辖区内8个住宅小区建立党组织，打造"红色物业"，推出"四环全辐射"工作机制，"外环"由党委干部包片，"中环"由楼院党支部包院，"内环"由楼栋党小组包栋，"小环"由党员家庭户包人，每楼栋每个单元都有2到3名党员参与社区事务，形成社区党委、红色物业党支部、楼栋党小组、党员家庭户四级管理机制。在产业链上建立党组织，如发满铝塑门窗有限公司党支部；充分依托商务楼宇上的物业公司建立党组织，如永利大厦楼宇党支部；在疫情期间建立临时党支部；等等。

在新冠肺炎疫情防控中，党员志愿者们冲在防控一线，成立5支党员突击队，设立2个门岗临时党支部、11个党员示范岗，社区党委发动小巷管家、网格长、志愿者、职工群众、驻区单位等近1000人参与防疫；发动自愿捐款活动，294名党员和478名职工捐献18万元的爱心善款；开展无偿献血活动，42名党员、群众献血1.64万毫升。党员、群众积极投身到防疫一线，实现了"外防输入、内防反弹"的目标。

（十一）群防群治"四个一"工作法

为动员引导广大居民群众，特别是其中的党员同志等骨干力量参与社区治理，一些社区紧紧围绕社会稳定和长治久安总目标，在社区网格化服务管理工作中，以家庭为基本对象，将10户左右居民家庭结成一个联户单元，组建联户长队伍，推行群防群治。联户长由联户单元民主推选，要求思想品德好、原则性强、热心社区事务，党员优先，经征求社区民警意见、社区"两委"把关、街道（镇）审批后公开公布，是社区的宣传员、治安员、信息员、调解员、联络员。社区党组织积极发挥"联户长"队伍作用，通过实行群防群治"四个一"工作法，坚持前移社会治理关口，进一步延伸社会治理触角，织密社会稳定网络，推动实现"联户平安稳定、联户团结和谐"（即"双联户"）。群防群治"四个一"工作法的具体内容如下。

"一表"即制定联户长派工表。通过建立"关爱联络员＋派工表"模式，将每周重点工作派给联户长，联户长统一认领，组织联户成员共同完成，任务到人，时限到位，确保工作落实到位。

"一册"即制定联户长工作记录册。社区建立联户长工作记录册，记录联户长日常工作的完成情况，为联户长的考核和评优提供依据。

"一积分"即制定联户长积分管理办法。为联户长提供一定工作激励。

"一长廊"即打造优秀联户长事迹。让优秀联户长在发挥引领和示范作用的同时，进一步增强联户长的荣誉感，提高联户长在居民中的威信和认知度。

案例做法

党建引领群众参与打造"四个一"
——新疆维吾尔自治区克拉玛依市油南红光社区

油南红光社区党总支根据社区少数民族多、老年人多、流动人口多等特点,认真开展摸底调查,充分调动联户长参与社区工作的积极性,创新服务,突出特色。

结合油南红光社区实际情况,研究制定了《油南红光社区联户长职责》和《油南红光社区联户长管理办法》,规范"双联户"创建工作的程序和标准。一是建立联户长会议制度。通过每周一小会、每月一大会和点对点传达会议内容的方式总结分析、安排部署。二是建立联户长培训制度。通过定期开展重点业务培训,提升工作水平。三是建立联户长轮值制度。通过轮值,调动联户成员的积极性,增强责任感与联户成员共同体意识。四是建立联户长AB岗制度。147名民汉联户长互结对子,互为AB岗,相互学习、相互帮助、加深感情。五是建立联户长考核制度。每月积分排名,表彰先进、末位淘汰,确保奖优罚劣,动态管理。通过一系列建章立制,逐步构建起系统完备、科学规范、运行有效的制度体系。目前,社区共表彰优秀联户长56名,推荐街道级优秀联户长22名,推荐区级优秀联户长5名;并对9名工作不积极、不作为及无法承担联户工作的联户长进行了调整。

自"双联户"创建工作开展以来，油南红光社区共排查化解各类矛盾纠纷121起，排查消除各类安全隐患68处，收集社情民意400余条，提供各类情报信息80余条，社区刑事案件、治安案件连续3年发案率为零，各族群众安全感、满意度大幅度提升，社会稳定基础进一步巩固，各族群众自觉践行社会主义核心价值观，进一步增强了社区凝聚力。

第二部分
居民自治

【政策背景】

党的十八大报告提出:"在城乡社区治理、基层公共事务和公益事业中实行群众自我管理、自我服务、自我教育、自我监督,是人民依法直接行使民主权利的重要方式。要健全基层党组织领导的充满活力的基层群众自治机制,以扩大有序参与、推进信息公开、加强议事协商、强化权力监督为重点,拓宽范围和途径,丰富内容和形式,保障人民享有更多更切实的民主权利。"

居民自治内容极为丰富,而且伴随实践的发展而不断发展,一般可以概括为"五个民主",即民主选举、民主协商、民主决策、民主管理、民主监督。特别是社区协商是基层群众自治的生动实践,是社会主义协商民主建设的重要组成部分和实现形式。

为了推动新时代的社区协商工作,中共中央办公厅、国务院办公厅于2015年印发的《关于加强城乡社区协商的意见》提出:"坚持党的领导，充分发挥村（社区）党组织在基层协商中的领导核心作用。坚持基层群众自治制度，充分保障群众的知情权、参与权、表达权、监督权，促进群众依法自我管理、自我服务、自我教育、自我监督。坚持依法协商，保证协商活动有序进行，协商结果合法有效。坚持民主集中制，实现发扬民主和提高效率相统一，防止议而不决。坚持协商于决策之前和决策实施之中，增强决策的科学性和实效性。坚持因地制宜，尊重群众首创精神，鼓励探索创新。"文件提出了城乡社区协商的主要任务：明确协商内容、确定协商主体、拓展协商形式、规范协商程序、运用协商成果。

2017年，中共中央、国务院印发的《关于加强和完善城乡社区治理的意见》提出，"进一步增强基层群众性自治组织开展社区协商、服务社区居民的能力。建立健全居务监督委员会，推进居务公开和民主管理。充分发挥自治章程、村规民约、居民公约在城乡社区治理中的积极作用，弘扬公序良俗，促进法治、德治、自治有机融合""增强社区居民参与能力。提高社区居民议事协商能力，凡涉及城乡社区公共利益的重大决策事项、关乎居民群众切身利益的实际困难问题和矛盾纠纷，原则上由社区党组织、基层群众性自治组织牵头，组织居民群众协商解决。支持和帮助居民群众养成协商意识、掌握协商方法、提高协商能力，推动形成既有民主又有集中、既尊重多数人意愿又保护少数人合法权益的城乡社区协商机制"。

2021年，中共中央、国务院印发的《关于加强基层治理体系和治理能力现代化建设的意见》提出："在基层公共事务和公益事业中广泛实行群众自我管理、自我服务、自我教育、自我监督，拓宽群众反映意见和建议的渠道。聚焦群众关心的民生实事和重要事项，定期开展民主协商。完善党务、村（居）务、财务公开制度，及时公开权力事项，接受群众监督。"

【实践探索】

一、如何加强居民委员会自身建设

新形势下，社区日益成为各种利益关系的交汇点、各种社会矛盾的聚焦点、社会建设的着力点和党在基层执政的支撑点。为不断提升居民自我服务、自我管理、自我教育、自我监督能力，培育居民主人翁意识，调动居民参与社区治理热情，社区居民委员会要规范建设、发挥职能、加强管理，不断提高自身建设水平。

社区居民委员会自身建设主要体现在居民委员会的动员能力和对居民提出诉求的回应能力。居民委员会要加强自身工作机制建设，畅通居民利益表达渠道，及时解决居民遇到的问题，协调好社区各方面的利益诉求，将党和政府的温暖送到居民群众身边。各地社区积极探索居民委员会自身建设，形成了持久动员、"居民小两会"等工作法。

（十二）持久动员工作法

居民委员会持久动员工作法主要是在社区治理实践中注意发挥"人民战争"持久动员的优良传统，发挥党组织的引领作用，坚持居民群众的主体地位，持续不断地对社区居民加以动员和培育，使居民形成"自我发起、自觉参与、自我管理"的意识,并真正成为社区治理主体,继而保证社区工作的持续运作、长久推进。

坚持"党委引领、居民做主"的自治格局。社区党组织积极发挥引领、组织、动员的领导作用,利用党员的模范带头优势,以党员队伍带动广大居民群众,参与到社区建设和志愿服务的工作中。同时突出居民的主体性,保障居民民主权利,在为民服务中彰显居民群众主人翁地位。

坚持以提升居民参与度为切入点,以保障居民的全体利益、满足居民的全面需求、解决居民的基本问题、提升居民的幸福指数为中心。一是充分发挥社区引导作用,把握社区网格覆盖特征,借助社区楼宇党支部和社区网格长等多方力量深入动员。二是建立和完善居民参与社区治理的激励机制,通过积分制、居民公约等奖励方式,鼓励、调动居民参与热情,培育居民参与意识,不断提升社区居民参与度。

坚持尊重居民合法权益。社区充分尊重居民知情权、发言权、监督权等合法权益,为居民提供居民议事会、听证会、社区活动等表达自我的平台,充分尊重居民表达其观点与意见的权利,鼓励居民为社区建设建言献策,进而形成社区内动力、持久力、凝聚力和号召力。

案例做法

277 棵丁香树
——吉林省长春市长山花园社区

2004年长山花园社区建设伊始,每季度来自政府的下拨经费仅有200元，这对社区建设而言可谓是"杯水车薪"。社区抓住位于道路交叉口、人流车流量较大的优势，组织带领社区居民和工作人员卖报纸、卖矿泉水、卖雪糕，以最简单的形式为社区积攒出最初的运作资金，靠点滴积攒买了277棵丁香树。

树苗运到社区，社区居民一同参与到植树绿化的工程中。社区组织居民翻挖建筑垃圾、平整种植场地，一锹一镐让277棵丁香树在社区扎了根。针对树苗刚刚栽下、连续70天不下雨的实际情况，社区组织召开居民议事协商会议，决定按照楼栋党支部进行分片包保，丁香树浇水保活的责任落到了支部和党员身上。居民们给这种方法起了名字，叫做"树长制"。居民们在党员的带领下纷纷从自家水龙头接水浇树。"树长制"的实施，使责任连带着奉献，激励着居民为社区建设贡献自己的力量。277棵丁香树，在长山花园社区成为一道亮丽的风景。

（十三）"居民小两会"工作法

"居民小两会"工作法是将社区网格民情分析会和网格居民议事会结合起来治理社区的具体实践。网格民情分析会侧重于邀请居民畅所欲言生活中遇到的各种麻烦和问题；网格居民议事会则是在网格民情分析会的基础上，针对居民提出的问题，由社区工作人员和居民共同协商讨论，探讨解决方案并现场落实问题责任人。"居民小两会"工作法有效解决了从单位型社区向和谐美丽的社会型社区转变过程中所遇到的诸多问题。

"居民小两会"分为问题反馈、工作展示、居民议事、点评再分工4个环节。第一个环节是回复上周居民反映的情况，第二个环节由网格员展示一周工作亮点，第三个环节是居民议事，第四个环节是社区党组织书记点评。每周"居民小两会"最后一个环节的任务落实情况将在下一周"居民小两会"的第一个环节进行汇报，建立起工作流程的闭环，有利于做到事事有回应、件件有落实。

该工作法以民意为导向推进问题的解决，通过动员社区居民填写满意度调查问卷，以民意倒逼服务缺位的社会单位关注自己的服务质量，使其主动解决存在的问题。

该工作法以参与"居民小两会"的党员骨干和居民代表为中坚力量，通过开展"社区今天我当家"活动，打造"能人坊"，引导更多能人"有材者竭其力，有识者竭其谋"，特别是引导下岗、退休职工失业不失志、退休不退党，以实际行动参与到社区公共事务中去，将各行各业曾经创造辉煌的能人转化为参与社区治理的能人，让"人人争当能人，事事都有能人"在潜移默化中蔚然成风。

案例做法

"居民小两会"让居民反映问题件件有落实
——重庆市团结坝社区

团结坝社区采用"居民小两会"工作法至今，共收集居民意见776条，处理回复754条，发布民生实事1000余条，实现了"小事不出楼栋，大事不出社区，难事不交街道"的治理目标，也真正做到了社区大事共商共议。

中心湾82栋是原特钢厂的职工楼，典型的20世纪八九十年代居民楼风格。2005年，特钢厂结束经营后，包括中心湾82栋在内的特钢厂职工楼由厂区转为社区管理，脱离厂区加上缺乏专业物管，这里一度成了脏乱差的典型，居民垃圾随手乱扔，居民楼前无垃圾桶，小区路口破旧，环境卫生差。经过群众在"居民小两会"上提议，社区想方设法修筑了小花园，楼栋的卫生环境得到大幅度改善。

二、如何开展社区协商

加强社区协商，是组织居民群众参与社区治理、深化基层群众自治的有效途径。当前，随着新型工业化、信息化、城镇化、农业现代化的深入推进，我国经济社会发生深刻变化，利益主体日益多样，利益诉求更加多变。加强社区协商，有利于解决群众的实际困难和问题，化解矛盾纠纷，维护社会和谐稳定；有利于在基层群众中宣传党和政府的方针政策，努力形成共识，汇聚力量，推动各项政策落实；有利于找到群众意愿和要求的最大公约数，促进基层民主健康发展。党的十八大以来，各地落实党中央关于加强社区协商的部署要求，坚持有事多协商、遇事多协商、做事多协商，有效维护了群众切身利益，逐步形成"逢四说事"、围着需求转盯着问题办"四问四自四员"等既体现程序化制度化、又体现地域特色的社区协商工作法。

（十四）"逢四说事"工作法

"逢四说事"工作法是每月逢4日、14日、24日或星期四，定期不定期在议事场所组织驻区单位代表、社会组织代表、社区党员、群众来说事议事，共同解决社区存在的治理重点难点问题。

社区党组织吸收驻区单位党组织负责人兼任班子成员，实行"兼职委员制"。成立说事常任理事会，说事常任理事会设会长1人、副会长2人、秘书长1人、说事员若干，由街道包点干部、社区干部、"两代表一委员"、驻区单位代表、党员群众代表、社区片警、志愿者等组成，形成了以"大党委"为引领，驻区单位党组织、党员和居民群众广泛参与说事议事的机制。

"六必说"丰富说事内容。围绕中心任务说。坚持把党的路线方针政策、党的重要会议精神、习近平总书记系列重要讲话精神、上级重点工作部署在社区的落实作为"说事"的重点。围绕经济发展说。注重把社区集体财务预算决算、资金安排使用、公益事业兴办、房屋拆迁改造等事关大局的大事要事列入"说事"的内容。围绕服务民生说。围绕困难群体救助、特殊群体帮扶、廉租住房申请和医疗卫生等民生保障，以及供水、供电、供气、物业管理服务等与居民日常生活密切相关的内容"说事"。围绕文明和谐说。围绕活跃文化生活、推进精神文明和民主法治建设，以及治安维护、环境卫生清理、道路交通整治、环境保护等公共治理方面畅所欲言，提出合理化建议。围绕矛盾纠纷说。把居民反映强烈、迫切要求解决的实际困难问题和矛盾纠纷，法律法规和政策明确要求协商的事项作为"说事"内容。围绕班子建设说。对社区"两委"任期目标、年度工作计划、班子自身教育、党员教育管理、干部作风、廉洁自律、党务政务公开等方面提出问题及改进办法。

"四步走"规范说事流程。按照"分类理事、集中说事、合力办事、问效评事"，"四步走"有序引导民主自治流程。分类理事：对收集到的社情民意分类梳理，简单事、常规事及时办；集中说事：较难较重大需要协调的事，召开说事会进行集中说事；合力办事：议决后，结合民情信息涉及的内容，根据各单位职能，反馈给相关单位对照解决；问效评事：建立说事反馈、结果公示等制度，接受群众评议监督，对办理结果群众满意率达不到80%的，责成相关责任人限期整改，再议再办。

"六个有"强化说事保障。整合组织建设、惠民资金等专项经费落实说事经费，确保说事会正常运行。按照有说事厅、有标识、有热线、有记录、有流程、有档案"六有"标准规范说事场所。在社区居委会服务场所设立议事厅作为说事"主会场"，并根据不同小区特点建立一批"居民议事小广场""居民议事说事亭"；统一设计标识，制作说事流程、标注联系电话和反馈问题的二维码，方便居民群众随时参与说事议事；每次开展说事，都安排专人记录议题时间、内容、表决等情况；议题办理结束后，及时将资料整理归档；依托基层党建工作随机调研、随机督导，开展专项督查，确保每个议题都得到解决。

案例做法

居民遇事有处说
——广西壮族自治区南宁市二桥西社区

二桥西社区开展"逢四说事"会活动200多场次，解决群众反映问题87件。"逢四说事"协商工作机制，成为联系群众的桥梁纽带、承上启下的有效渠道、调解矛盾纠纷的有力抓手。

2019年，针对二桥西社区浮法玻璃公司片区卫生状况差的问题，经过"逢四说事"，协商决定由志愿服务队牵头，每周开展"我的小区我做主"环境卫生整治活动，清理生活区杂物乱堆、杂草丛生、小广告乱贴、违规菜地现象，共清理各类垃圾270余车、杂草1000多平方米、卫生死角100多处，问题得到圆满解决，居民纷纷点赞。

（十五）围着需求转盯着问题办"四问四自四员"工作法

启动"四问"工作机制，创新协商途径：制定需求清单全员问需、召开议事会议主动问计、实行台账管理定期问效、盯紧意见问题及时问责。利用民情民意采集表，组织社区、小组干部挨家挨户主动问需于民。根据"群众需求清单"，主动问计于民，广泛征求群众意见建议，落实"办什么、谁来办、怎么办"。

建立"四自"管理模式，破解协商难题：协商建制自我管理，人人参与自我服务，党建引领自我教育，民主公开自我监督。通过议事协商会、家舍议事会、党员会、群众会，修订完善居民自治章程，制定"居民自治＋商户自管"公约。通过"两长三员"网格化包保，将社区服务延伸到小区、楼栋以及每户居民家庭中，做到每个小区都有人负责、每个家庭都有人联系。

落实"四员"服务职责，提升协商效能：当好民情收集信息员，当好政策法规宣传员，当好经济发展指导员，当好民生保障勤务员。社区成立网格服务站，按区域划分网格点，每个信息点配备1—2名信息员。通过网格化管理，推动大数据服务，做到入户调查100％、民意汇集100％、信息建档100％、诉求回应100％，为社区改革发展、精准服务和正确贯彻落实各项方针政策提供信息支撑。着眼凝聚群众、引导群众，以文化人、成风化俗，形成群众在哪里，文明实践就延伸到哪里的大宣教格局。

案例做法

问题主导协商议事
——云南省曲靖市官坡社区

官坡社区通过党建引领"四问"机制、"四自"管理、"四员"服务的落实，要求每个党支部每年确定10件实事，坚持年初建账、定期查账、年底结账方式，通过微信公众平台、综合信息平台等载体重点"盯人、盯事、盯钱"，落实全程监督责任。将社区干部的待遇与实际工作的成效直接挂钩，严格落实各项工作责任主体，密切关注热难点问题及重点工程项目进展情况，建立时间倒逼、责任倒查机制。

引领干部群众深入领会习近平新时代中国特色社会主义思想以及党和国家的方针政策，党员干部参学率达100%，群众受益6000余人次。在重大事项决策上，严格落实群众建议、党组织提议、"两委"会商议、党员大会审议、群众决议，决议透明、程序透明、结果透明的"五议三透明"议事决策机制，做到"一个环节不能少、一个步骤不能减、一个程序不能乱"。

社区搭建爱心帮扶、社区工作者参与、综治维稳、文化乐民、物业管理"五个平台"，建成社区科技馆、电子图书阅览室、儿童之家等15个功能室，免费向群众开放。主动为社区商户服务，在协助基层政府开展安全检查、政策宣传的同时，倾听商户们的意见建议和利益诉求，积极链接资源予以解决。积极为驻区企业、商户和有就业需求的社区居民搭建供求平台，对就业困难社区居民开展业务技能培训，搭建创业就业服务平台，鼓励和支持有劳动能力的社区居民自主创业就业。

三、如何用好居民公约

居民公约是居民自治的重要形式，是社区多方主体通过民主协商的方式，为实现公共利益最大化而共同制定并共同遵守的相关约定，体现了居民的公共意志。居民公约是一种非正式、非法律层面的社区居民的协定，是介于法制规范和道德约束之间的一种契约，是在这两者之间的一个合理的平衡点，也是在社区层面柔性契约的治理。

健全完善居民公约的制定程序、履行机制等，是用好居民公约，激发居民参与积极性，实现居民自我管理、自我服务、自我教育、自我监督的关键环节。各地围绕上述关键环节，探索形成了居民公约居民定"六步议事"、院落"微自治"等可以参考借鉴的工作法。

（十六）居民公约居民定"六步议事"工作法

居民公约居民定"六步议事"工作法是用好居民公约的实践做法，社区改变过去"替民作主"的传统思维，树立"由民作主"的新理念，引导居民通过协商自主解决社区问题，助推了社区文明和谐。

多渠道"提议题"：通过网上工作室、电子信箱和楼栋留言箱等形式，每年收集居民意见、诉求。社区设立24小时热线电话，在社区服务中心、各居民委员会设立接待点，安排专职工作人员负责接待；以楼栋为网格设立"两长四员"（党小组长、楼栋长、安全员、宣传员、卫生员、房管员），发挥他们人员熟、情况清的优势，有效搜集社情民意；物业员工24小时接待居民来电来访，做到件件有记录、事事有回音。

多方恳谈"出主意"：对收集的议题进行分类，由党组织召集相关利害关系人、单位代表及居民代表恳谈，提出解决问题的初步建议。将居民反映的问题收集、归类形成议题，根据议题组织相关人员、志愿者、楼栋长、政府职能部门工作人员、驻区单位负责人等多方代表召开恳谈会。针对会上不同的声音，组织不同意见方代表多次召开小范围沟通会。对重点人员，社区工作人员和志愿者上门入户，面对面沟通交流。经过反复沟通协调形成基本共识后，再次把大家召集起来围绕共识出主意、想办法，形成解决问题的初步建议。

议事组织"拟方案"：由居民委员会根据恳谈会初步建议，拟定解决问题草案。社区成立了协商议事委员会，成员主要包括党员、志愿者、楼栋长、党小组长、人大代表、政协委员等，制定管理规定和议事规则，引导居民通过协商议事来解决问题。协商议事委员会根据恳谈会上形成的初步建议，组织成员围绕产生问题的原因、问题的焦点、是否有科学量化的数据、是否有类似案例以及解决类似问题的经验等内容商议讨论，形成解决问题方案。对于涉及多数居民群众切身利益和社区治理服务关键环节的问题，将其纳入居民公约，并在协商议事委员会充分讨论基础上形成公约草案。

张榜公示"开言路"：将草案张榜公开，广泛征求居民意见。及时在社区党（居）务公开栏、社区网站进行公示，广泛征求居民的意见和建议，并发动党小组长、楼栋长、志愿者上门，面对面征求居民意见。社区协商议事委员会将收到的意见建议进行集中归纳，对公约草案进行补充完善。修改后的公约草案将再次公示听取居民的意见，如有新的意见，再及时进行补充完善。

专家审查"定公约"：聘请法律、社会管理专业人士对草案审查把关。社区邀请社区能人、驻区政府职能部门工作人员、权威机构专业人士组建成社区"专家库"。这支专家队伍"定公约"一般经过四个程序：一是社区将前期拟定的公约草案送至"专家库"成员审阅；二是组织"专家库"成员集中研讨，审查公约草案中的条款是否与现行法律法规相悖、是否与传统文化和风土人情不相适应、是否违背社会主义核心价值观等；三是针对研讨中发现的不恰当、不合适内容及时组织修订；四是依法依规形成新的公约草案。

居民表决"说了算"：将公约或方案提交居民代表会议，经过2/3以上居民代表通过后实施。公约草案审查完毕后，及时组织召开居民代表会议，向参会居民代表详细介绍公约草案形成的过程，由居民代表对公约草案进行举手表决，经2/3以上居民代表表决通过后，正式公布实施。并运用公开栏、社区网站、居民社交网络平台、入户等多种形式进行广泛宣传，做到家喻户晓、人人遵守。

案例做法

居民公约解决社区问题
——湖北省武汉市百步亭社区

百步亭社区是一个有着商品房、经济适用房、廉租房的混合型社区。社区通过坚持多种渠道"提议题"、多方恳谈"出主意"、议事组织"拟方案"、张榜公示"开言路"、专家审查"定公约"、居民表决"说了算"的"六步议事"，广泛发动群众。以此为群众搭建参与平台，凝聚百姓人心。

要跳舞，要健身，要安宁，也要文明。社区大妈们热衷于广场舞健身，但年轻人工作繁忙需要休息。为破解广场舞扰民问题，百步亭社区发放调查问卷，70%以上的居民同意出台社区噪音管理规定。了解到居民意向后，社区先后历经3个月共召开8次现场恳谈会，出台了《中心花园等公共场所环境噪音管理细则》，规定晨练时间为6时30分至9时、晚练时间为19时至21时，音响设备功率不得超过40瓦，音量控制在60分贝以下。

为落实"公约"，百步亭社区组成8人噪音管理小组，每天早晚巡视社区广场；联合环保部门在中心广场附近设立噪音显示屏，实时监测音量；所有文体队伍须到社区文体站统一备案，在规定的时间、地点开展活动。如有市民投诉广场舞噪音扰民，只要报出地点，社区工作人员马上就能联系到相应跳舞队的负责人。

（十七）院落"微自治"工作法

用好居民公约加强院落"微自治"是强化社区居民自我管理、自我服务、自我教育、自我监督的有效实践做法。概括起来主要是"三化三有"："三化"即管理民主化、组织细胞化、服务自主化，"三有"即有人有能力办事、有钱办事、有地方办事。

"三化"确立社区居民自治体系。管理民主化——制定居民公约，建立社区"软法"。为促进院落居民自我管理，夯实居民自治的制度基础，集体决策制定居民公约，为社区居民群众开展自治提供了依据，从社会治安、民风民俗、邻里关系、婚姻家庭、文化教育等方面对居民在社区公共生活中的权利与责任进行了明确规定，充分落实了居民的知情权、参与权和监督权。组织细胞化——贯彻居民公约，建强自治组织。以贯彻落实居民公约为出发点，将院落作为社区生命体的组织细胞，依托"社区党组织—院落党支部—楼栋（单元）党小组"的党组织架构，建立由院落民情议事会和院落居民自治管理小组构成的院落居民自治组织体系。服务自主化——运用居民公约，完善自我服务。为了促进全体居民共享自治成果，实现"细小服务不出院落、一般服务走进院落、特殊服务深入院落"，发动多方力量，以居民公约为基本规范，针对院落生活服务、为老服务、残疾人服务、就业服务、宜居服务、文化服务六大服务，进一步丰富服务内容、创新服务形式、加强服务质量，不断优化全方位、便捷式的社区服务自主运行机制。

"三有"保障自治体系发挥作用。为了保障居民自治体系发挥作用，确保及时、便捷、高效地落实自治组织各项决议，建立了"三有"综合支持。一是有人有能力办事。综合采用自荐报名、群众推荐和社区党组织发掘、动员的方式，选对院落居民自治组织成员，通过集中培训、以会代训、现场指导，确保社区和院落工作有效对接，不断提升院落居民骨干服务理念、服务能力，确保院落居民自治组织有能力办事。二是有钱办事。根据居民公约，延伸制定院落财务管理办法，将院落机动车停车费、非机动车棚承包费、个别商铺出租费等公共收益划归院落支配，院落公共收益纳入社区专户统一管理，确保院落居民自治组织和居民群众有钱办事。三是有地方办事。统一为院落居民自治管理小组挂牌，统一安排院落居民自治管理小组办公场所"小院议事亭"，配置办公设备，使院落居民自治工作实体化，院落居民有事找得到人、办事找得到地方。

案例做法

以居民公约推进院落"微自治"
——四川省成都市长寿苑社区

长寿苑社区创新"三化"院落居民自治模式，落实"三有"院落居民自治保障举措，依据居民公约广泛推行院落居民自治，组织院落居民深入参与院落治理，完善了院落居民自治程序和自治体系，从"代民做主"到"让民做主"，从"直接管理"到"主动服务"，院落居民群众从"被动参与"到"主动参与"转变，院落事务的"策由民定、事由民理、权由民用"，最大限度满足了院落居民需求，增强了邻里互助，提升了居民归宿感，实践出了一条院落居民自我管理、自我服务、自我教育和自我监督的可行路径。

长寿苑社区常住人口多，因属非物管小区，问题多、管理难度大，以至于"无人管理""无法管理"的问题一度非常突出。大量居民到办公室来要求解决问题，社区疲于应对，仍无法得到居民的理解和支持。邻里发生纠纷，无人主动调解，院内卫生差，邻里相互指责，入室盗窃案件时有发生。

为充分利用好居民公约，社区将七个院落分成七个单元，每个院落的每个单元选一名代表组成院落会，并通过院落居民自治会推选代表，组成院落民情代表议事会。在院落民情代表中，民主选举三人至五人组成院落居民自治管理小组。鸡毛蒜皮的小事，居民们会直接找到管理小组组长；关系各家各户的"大事"，则会在管理小组的引导下，由居民自己商定。

四、如何做好居务公开

健全完善居务公开是适应当前社区工作发展新形势，推进物质文明和精神文明协调发展的需要。居务公开事关社区稳定，只有常抓不懈，才能持之以恒抓好落实。当前，居务公开要按照规范、创新、提高、落实的基本思路，进一步健全和完善各项制度，把居务公开全面推向深入，才能大力提升居民自治水平，满足人民群众依法行使民主权利、管理基层公共事务和公益事业、对干部实行民主监督的要求。

居务公开不仅仅是在社区宣传栏中张贴公告，而是要遵循公开透明的原则，将居民最关心的社区公共事务、按照居务公开制度应当公开的事项及时通过各种方式向居民公开。居务公开工作做得好，能有效回应居民诉求，加强居民对社区的认同感和信任感。近年来，各地探索形成了"三会"促公开、"一委三会六步"等一些行之有效的工作做法。

（十八）"三会"促公开工作法

"三会"促公开工作法是做好居务公开的创新做法。在问题和困难面前，社区居委会不断探索党建引领下"三会"制度，推动基层治理的实践发展，畅通居民诉求表达渠道，保障居民群众在社区事务中的知情权、参与权、决策权和监督权，有效引导居民树立起"自我管理、自我服务、自我教育、自我监督"意识。"三会"即由社区居民委员会主持召集听证会、协调会和评议会。

持续优化升级，实现基层协商的"全过程"民主。"三会"制度以听证会、协调会、评议会为起点，随着时代的发展在实践中不断创新优化，先是配套"三制"，即听证会配套公示制，听证议题、结果等要充分告知居民；协调会配套责任制，协调形成的意见要落实责任人、时间节点，促进问题解决；评议会配套承诺制，要做出整改承诺，并对整改情况通报反馈，强化了会后任务的追踪落实，更有力地推动会议成果落地见效。充实议题征询、民主恳谈、监督合议环节，完善了"议题征询—决策听证—内容公示""民主恳谈—矛盾协调—协议达成""过程监督—结果评议—作出承诺"的基层全过程民主协商机制。

不断拓展实践，实现基层协商的"全领域"应用。经过多年探索，"三会"制度的适用领域从政府项目延伸到公共事务治理，凡涉及居民群众切身利益的事项，要求社区都必须通过"三会"开展议事协商。主要涵盖六个大类：社区治理类（如垃圾分类、环境整治等），社区建设类（如美丽家园改造等），社区服务类（如为老服务等），社区调处类（如邻里纠纷、商居矛盾等），社区活动类（如传统节日、公益慈善等），社区发展类（如社区参与、外来居民融入等）。

深化互融互通，实现基层协商的"全主体"参与。加强"三会"制度在基层各类议事平台中的应用，依托社区代表会议、区域化党建联席会议等，推动业委会、物业公司、社会组织、驻区单位等多方主体共同参与协商。推进基层协商与人大协商、政协协商有效衔接,依托"三会"制度推动人大代表、政协委员主动参与基层协商,听民意、汇民声,同时发挥专业优势和协商经验,帮助提升基层协商的成效和水平。

案例做法

畅通居民诉求表达渠道
——上海市紫荆社区

"三会"制度将全过程民主贯穿到基层治理的全领域,让人人都能有序参与治理,把人民民主的制度优势转化成治理效能,实现共建共治共享。

紫荆社区辖区内的紫荆新苑属于老式公房社区,社区内的花园长廊年久失修、损坏严重。长廊顶上,水泥横梁因为缺乏定期维修,导致水泥斑驳脱落,部分钢筋裸露在外。紫荆新苑内老龄居民人口较多,每天来长廊下聊天休息的老人很是担忧。

社区居委会想为民办实事、确定年度实事项目,事先要听听居民意见。有居民在"紫荆议题征询会"上提出,希望能对中心花园长廊进行改建。提议一经提出,引起了居民的共鸣,也得到了居委会干部的重视。在议题征询会顺利完成后,紫荆新苑社区花园长廊改造正式列入社区正式听证议题确定意向。不久之后,紫荆社区居委会召开紫荆新苑中心花园长廊改造听证会,最后通过的改建方案是"保留长廊原有的风格,修旧如旧"。施工开始后,居民们通过评议会对项目进行监督,直至竣工。

在"三会"制度的推动下,这项为老百姓办实事的工作得以迅速圆满完成,社区居民又能在花园长廊中闲话家常。

(十九)"一委三会六步"工作法

"一委三会六步"工作法是为解决居民房屋拆迁,居民房屋多样、人员结构复杂、利益诉求不一、矛盾纠纷多发等诸多困难而逐步探索形成的。

"一委三会六步"工作法基本内容为:"一委"即社区党委。社区党委发挥领导作用,主导社区矛盾问题议事协商、执行和监督的全过程。"三会"即社区居委会、社区议事会、居务监督委员会(简称"监委会")。社区居委会是居民自治组织,依照法律法规和自治章程履行职责;社区议事会是居民议事协商的机制载体,形成的协商成果提交社区"两委"会议决策;监委会是居民自我监督组织。"六步"即遵循社区党委提议、社区议事会协商、社区"两委"决议,公告决议、实施决议、质询评议等六步程序进行。

第一步:社区党委提议。根据民生"大走访"中群众反映和实际工作需要,社区党委及时梳理民生事项。除社区重大问题、重要事项应提交居民会议研究外,对社区日常事务、矛盾纠纷等微问题,社区党委形成初步意见后,对有必要召开议事会协商的民生事项转交议事会讨论,同时及时发布公告,做到"事前"预告。

第二步:社区议事会商议。对社区党委转交的待协商事项,议事会成员和利益相关方畅所欲言、充分协商。达成统一意见的,则将协商成果提交"两委";意见分歧较大的,应当搁置议题,建议社区党委进一步完善方案,交由下次会议协商讨论。

第三步:社区"两委"决议。社区"两委"根据议事会商议意见进行讨论表决,形成决议。

第四步:公告决议。社区"两委"通过的决议,在公告栏做好"事中"公示,进一步听取吸收群众意见。

第五步:实施决议。经过决议的事项,在进一步吸纳群众意见的基础上,由居委会拿出具体实施方案,进行落实。

第六步:质询评议。对社区"两委"决议、居委会实施的事项,监委会全程监督,并做好"事后"公开。通过居务公开栏等多种形式,将公开事项逐条予以公布,并设置意见箱征求群众意见,对实施结果进行质询评议。

案例做法

社区治理"有章可循"
——江苏省连云港市营山社区

营山社区推行的"一委三会六步"工作法主要针对社区热点难点问题,特别是涉及居民切身利益的事务,包括社区发展规划和年度计划、征地拆迁、旧居改造和新居建设、城市给排水等基础设施建设、工程招投标、救灾救济优抚款物分配、低保对象确定等重大社区事务,广泛发扬民主,实现了治理方式从"为民做主"向"由民做主"的转变。

自2012年实施该工作法至今,社区办好了千余项惠民实事,成功调解了安全生产、民生保障、婚姻家庭、涉老涉幼等方面的矛盾纠纷。

第三部分
社区服务

【政策背景】

社区服务关系民生、连着民心，不断强化社区为民、便民、安民功能，是落实以人民为中心发展思想、践行党的群众路线的应有之义，是基层治理现代化建设的必然要求。"十四五"时期是我国全面建成小康社会、实现第一个百年奋斗目标后，乘势而上开启全面建设社会主义现代化国家新征程、向第二个百年奋斗目标进军的第一个五年。我国已转向高质量发展阶段，经济社会发展持续向好，人民美好生活需要不断提升，科技支撑更加有力，城乡融合更加深入，社区服务高质量发展具有许多优势和条件。

"十四五"时期，社区服务要充分调动社会组织、社会工作者、志愿者和慈善资源等社会力量，引导市场力量，构建多方参与格局，让全体人民共享发展成果；要持续推进线上线下服务机制有机融合，持续提升社区服务精准化精细化智能化水平；要回应居民群众的新期待新需求，不断改善人民生活品质，努力做到群众有需求、社区有服务。

2017年，中共中央、国务院印发的《关于加强和完善城乡社区治理的意见》提出，提高社区服务供给能力。加快城乡社区公共服务体系建设，健全城乡社区服务机构，编制城乡社区公共服务指导目录，做好与城乡社区居民利益密切相关的劳动就业、社会保障、卫生计生、教育事业、社会服务、住房保障、文化体育、公共安全、公共法律服务、调解仲裁等公共服务事项。创新城乡社区公共服务供给方式，推行首问负责、一窗受理、全程代办、服务承诺等制度。探索建立社区公共空间综合利用机制，合理规划建设文化、体育、商业、物流等自助服务设施。鼓励和引导各类市场主体参与社区服务业，支持供销合作社经营服务网点向城乡社区延伸。

2021年，中共中央、国务院印发的《关于加强基层治理体系和治理能力现代化建设的意见》提出："优化村（社区）服务格局。市、县级政府要规范村（社区）公共服务和代办政务服务事项，由基层党组织主导整合资源为群众提供服务。推进城乡社区综合服务设施建设，依托其开展就业、养老、医疗、托幼等服务，加强对困难群体和特殊人群关爱照护，做好传染病、慢性病防控等工作。加强综合服务、兜底服务能力建设。完善支持社区服务业发展政策，采取项目示范等方式，实施政府购买社区服务，鼓励社区服务机构与市场主体、社会力量合作。开展'新时代新社区新生活'服务质量提升活动，推进社区服务标准化。"

【实践探索】

一、如何健全社区服务体系

党的十八大报告明确要求，加快形成政府主导、覆盖城乡、可持续的基本公共服务体系。社区是党和政府联系服务群众的"最后一公里",也是基本公共服务体系的"输出终端"。服务居民、造福居民是社区治理的出发点和落脚点,也是评价社区治理水平和成效的根本标准,只有加快社区公共服务体系建设,才能满足人民群众对美好生活的向往。

社区服务体系包括三个部分:社区公共服务、社区便民利民服务、社区志愿互助服务。做好社区服务工作,主要把握以下几个方面:一是有服务阵地。依托社区综合服务设施建设社区党群服务中心(站),努力实现办公场所最小化,服务空间最大化,为社区居民开展服务和活动提供更多场地。二是有服务主体。社区工作者、社区社会组织、社区志愿者、其他社会力量等都可以成为提供社区服务的主体。三是健全服务机制。"错时上下班""首问负责"等社区服务工作机制的建立,能有效提升社区服务精准化精细化水平。近年来,各地社区探索形成了"网格党群服务站"、"全岗通"、社区"家"服务等工作法。

(二十)"网格党群服务站"工作法

"网格党群服务站"工作法是健全社区服务体系的有力举措。党的阵地下沉、服务下沉、资源下沉,充分彰显了基层党组织的政治属性,充分释放了城市基层党建的整体效应,对深入推进党建引领城市基层治理具有借鉴推广意义。

动脑筋选好"小站点"。按照合理布局党群服务站的要求,社区党委成员深入小区实地踏查,充分征求居民、企业商铺及物业公司等方面的意见建议,最终对选址问题达成共识:一是在建成区选址,只能为居民生活做加法,不能让居民生活做减法,因此重点要考虑到服务站是否影响居民房屋采光、居民出行是否便利、是否占用公共绿地或健身活动场所等因素。二是要满足服务站基础设置需要，重点是考虑上下水、用电、冬季取暖等问题。三是建设位置一定要贴近群众。四是灵活采用借用、租用、新建、购买等方式，调动一切可以调动的资源。五是初选后召开居民代表会议，对选出的点位进行民主评议，并将结果上报街道党工委审批。

巧布局建好"小站点"。党群服务站是面向广大党员、群众和各驻区单位、社会组织等，全方位打造集党员活动、政策宣讲、民意收集、诉求调解、为民办事、协商议事、扶贫助困、特殊照料于一体的综合平台，让党员群众在家门口就能找到组织、享受便利服务。在服务站功能布局上下功夫，社区党组织主要在"三个方面"：一是在对接服务需求上下功夫，实现与城市功能分区特点相融合。二是在功能设置上下功夫。在功能设置上，不追求大而全，注重实现多个党群服务站之间功能互补、整体平衡。三是在细节方面下功夫。服务站内，便民伞、大茶壶、简餐厨具、医药箱、工具箱、充电桩、日间照料休息椅等一应俱全。

提效能用好"小站点"。在如何充分发挥效能上努力做好"四个下沉"：一是管理制度下沉。合理布局，整合党建、治理、服务功能，在党群服务站推行为民服务帮办代办等制度，推动社区党组织承担的便民服务项目下沉到党群服务站。二是日常服务下沉。社区全体人员通过入户走访、微信群推送、举办各类文体活动等方式进行广泛宣传，首先用好收快递、借工具、借雨伞等便民微服务功能，逐步通过方便的地点、齐全的设施和周到的服务，让居民群众认可接受。三是活动载体下沉。以畅通服务群众"最后一公里"为目标，以网格党群服务站为平台，各党群服务站常态化开展"五个一"党群活动，即每月召开一次民情恳谈会、开展一次党建联盟活动、召开一次网格党支部党员大会、帮扶一批困难群众、选树一批先进典型。四是组织资源下沉。坚持共建共治共享工作模式，通过党建联席会议共商共议、群策群力破解基层治理难题，推行"全岗通"社区工作者，推动社区党群服务站"一窗受理、集成服务"，非集中性工作期间开设1—3个服务窗口，每个窗口安排1名"全岗通"社区工作者，其他社区工作者全部下沉网格，真正把党的工作做到城市最基层、群众家门口。

案例做法

"小站点"承载"大民生"
——吉林省梅河口市八十八栋社区

梅河口市和平街道八十八栋社区呈现出"四多一少"现象，即老年人口多、外来人口多、下岗职工多、贫困人口多、就业岗位少。同时，原铁路总公司撤出后，部分历史遗留问题没有解决，矛盾纠纷交织出现，随时需要社区工作人员到达问题现场进行矛盾调处。为此，社区通过"网格党群服务站"工作法，让组织活动有阵地、让居民活动有去处、让服务群众有支撑，较好地解决各种民生问题，化解了长期难办的纠纷，实现社区的和谐发展。

组织活动有阵地。因受场所限制，社区党委下设的13个网格党支部每月开展组织生活时只能采取联合或错时开展的方式进行。党群服务站的建成为开展各项组织活动提供了良好的环境，有效保证了党支部"有地方学习，有地方议事、有地方说话、有地方活动"，增强了党员的认同感和归属感，参加党的活动更加积极主动。这也让社区党委找到了有效管理党员的新方式，担负流动党员兜底管理责任更有抓手、更有底气。

居民活动有去处。社区的5个党群服务站，均坐落在社区内便利位置，有效解决了社区居民活动场所短缺，特别是寒冷冬季没有活动场所的问题，受到了群众的点赞。社区居民激动地说："家门口建起了党群服务站，我们活动交流真是方便多了。"

服务群众有支撑。社区党群服务站的建设整合了各部门落到社区的资源和力量，为社区工作者服务居民群众、居民群众表达利益诉求提供了更畅通的载体，也为驻区单位参与社区治理搭建了更便捷的平台，推动基层治理由"单打独斗"向"整体推进"转变、"自上而下"向"上下互动"转变、"友情支持"到"分内之事"转变，实现了"民有所呼、我有所应"。通过党群服务站的引领带动，物业服务企业成立了党组织，驻区非公企业组建了党组织，社会组织志愿者纷纷递交入党申请书，多方联动共商共议解决难点痛点问题。社区居民反映："以前有事不知道找谁，现在领导定期在党群服务站接待，我们到那就能解决问题。"

（二十一）"全岗通"工作法

社区"治理通"换来百姓"人心通"。"全岗通"工作法是健全社区服务体系的实践，该工作法产生的背景是社区里许多房屋房龄较长，物业管理难度大，社区居民中老年人占比高、为老服务需求大，商品房小区邻里间往来少、关系较为淡薄等情况。社区居委会深化探索"全岗通"工作法，不断优化社区服务机制，把社区打造成老有所养、居有所乐的和谐友好社区。

做到"技能通"，打造"全科医生"式的社区工作者。社区通过实行"全岗通"的人员培养、例会交流、条线轮岗、老干部带教、跨条线结对协作五种形式让所有社区工作者都能熟悉各条线工作，提升了工作团队的综合业务能力。

做实"服务通"，推出"不见面办理、零距离服务"。一方面，梳理优化服务办事流程，依托"社区云""市民云"信息平台，为社区居民提供各类线上便民服务，例如家政、送餐、物业报修、家电维修等服务的线上预约。另一方面，实现线上办理咨询，做到宜网上则网上、宜网下则网下，让居民办事咨询"少跑腿"甚至"不跑腿"，例如低保救助、长护险的政策咨询，做到"最多跑一次"的服务承诺，不断提升社区服务水平。

打造"治理通"，完善社区治理流程。从规范操作流程入手，让社区居民在党组织领导下，按社区体检、议事协商、项目合成、全员行动、实效测评五个环节，构建标准化的"社区治理闭环"。同时，推进社区"微治理"工作，调动社区党员、居民、楼组长、志愿者的积极性，与街道、居委会、业委会和物业服务企业一同协商合作，实现治理主体由单一向多方转变，随时沟通社区治理的不足和难点，让社区内的所有人都能共同为社区治理出谋划策。

案例做法

优化社区服务机制
——上海市瑞虹第一社区

瑞虹第一社区注重发挥党建引领作用，优化"全岗通"服务管理机制。聚焦社区居民需求，持续优化社区服务供给，改善居委会传统工作模式，打破条线壁垒，提升社区干部综合能力，提高居民的满意度。

以前居民到居委会办事需要条线干部当班才能办理，例如，有居民怀孕来领取《上海市孕产妇健康手册》，必须要找妇代卫健干部才能办理，否则就只能白跑一次。了解到这个情况后，社区立行立改，建立入户走访与错时值班接待相结合的工作机制，保障居民不论是白天还是晚上都能到社区办理事务，做到"一人在岗、事项通办"，解决居民"办事难，找人难"的问题。

瑞虹第一社区通过举行街道联席会、居委议事会或楼组邻里会，聚集各方代表，协商讨论社区议题，同时借助上海市"社区云"平台进行居民网络互动。社区居民达成一致意见后，通过项目化运作，邀请居民共同参与或监督，形成并落实为民实事项目。瑞虹第一社区针对社区居民文化素质较高的特点，将楼组作为居民自治的切入点。

居民在各自楼组丰富多彩的活动中增强沟通，将居民家庭变成学习课堂、组织活动的场所，使资源在邻里之间实现交换。通过挖掘社区达人，组建有质量的社区团队，吸引不同年龄层次的居民走出小家，融入社区。

（二十二）社区"家"服务工作法

社区"家"服务工作法是健全社区服务体系的实践，社区坚持以热情服务居民为工作目标，以"我的社区我的家"为主题，强化党建引领作用，推出一系列工作做法（主要内容概括为"12345"），着力破解社区居民归属感不强、自治意识薄弱，社区工作力量不足、专业素质参差不齐等问题，把老旧且复杂的"插花地带"发展成为稳定、团结、和谐、居民幸福指数高的社区。

"1"即提高一个意识。积极探索居民自治共治模式，提出"我的社区我的家"口号，提高居民自治意识，鼓励全体居民积极参与到社区治理、建设中。发挥社区工作者和党员带动作用，带动居民代表、社区居民，从整个社区细化到我的片区、我的楼栋，以"我的家我来当、我的家我来帮"，破解老旧社区基础薄弱、历史欠账多问题，集民智、聚民心、汇民力、解难题。

"2"即强化两大组织建设。加强基层党组织建设。以党组织为引领，统领基层全局，发挥基层党组织战斗堡垒作用；通过换届选举，选出优秀年轻干部充实社区党组织力量，强化社区党组织的领导作用。充分发挥老年协会力量。成立社区老年协会，会员每天在社区一楼轮流值班，在文明创建、文化传播、环境整治、矛盾化解等方面发挥重要作用。建设老年人关爱驿站，协助老年人解决生活困难。

"3"即优化3个服务模式。优化综合性、多功能服务模式。提质改造社区服务阵地,按照"八室一厅一学校两中心"建设标准,集中打造多功能于一体的社区服务用房,使社区综合服务进一步标准化、规范化。优化"一站式"服务模式。严格落实为民代办服务制度,与居民生活有关的低保救助、残疾服务、就业援助、环境卫生等服务窗口统一到党群服务中心,进一步方便群众办理业务,提升社区服务质量。优化网格化管理模式。社区根据地理位置、人口分布等因素,整合综治、党建、计生、安全生产等网格平台,实行"大网格"管理,建立"社区党组织—网格长—网格管理员—信息员"四级网格化管理体系,把信息收集、治安防控、志愿服务等多种服务功能整合到网格中,形成横到边、纵到底的管理服务新格局,提升社区服务效能。

"4"即聚集四方力量成立4支队伍。以社区为主体,组织动员联点单位、街道、驻区单位、业主委员会积极参与社区服务管理,统筹四方联动方式,发挥四方力量。组建以社区党员为主、以在职报到党员为辅的四支志愿服务队:政策宣讲队、治安巡逻队、市容环境监督队、敬老爱幼服务队,积极开展党员志愿服务。

"5"即打造5个品牌。打造"书记工程"党建品牌,切实增强党员联系服务群众主动意识,丰富社区服务形式。打造"平安社区"品牌,提质改造老旧社区,大大提高居民"家"的安全感。打造"关爱老人、呵护儿童"志愿服务品牌,形成青年志愿服务网。打造"我们的节日"文化品牌,增强社区的文化氛围,提升居民群众文化品位。打造"五好家庭、五好居民"道德品牌,推进社区家庭美德建设。

案例做法

"我的社区我的家"
——湖南省湘潭市南盘岭社区

南盘岭社区提出"我的社区我的家"口号以来，提高居民自治意识，鼓励全体居民积极参与到社区治理和服务中来。

组织党员志愿者"参加一次社区党组织活动、参与一项志愿服务、结对一户社区居民、办好一件社区实事、提出一条合理化建议"，增强党员联系服务群众主动意识。提质改造老旧社区，开展环境绿化、楼栋美化、路面硬化、路灯亮化、监控系统自动化等一系列工作，修复危房安全隐患，提挡建设硬件设施，居民生活品质有了显著提升，提高了居民"家"的安全感。

开设"社区学校""手工课堂""科技课堂""爱心课堂""绿色网吧"，组织少儿创新绘画比赛，丰富留守儿童的课余生活，针对社区老年人较多的现状，打造"十分钟服务圈"志愿服务模式，通过发放便民联系卡、定期探望，联合爱心企业、驻区单位开展义诊、免费维修家电、清扫卫生死角等关爱空巢老人活动，将志愿服务日常化、长效化，大大提升居民"家"的获得感。

举办"品味端午—传承文明""情暖重阳节""邻里相约文明猜，欢天喜地闹元宵""党群相连 粽情端午""戏曲知识讲座进社区"等活动，加深群众对中华传统文化的认识，增强社区文化氛围，提升居民群众的文化品位。

二、如何提高社区服务专业化水平

基层一线处在服务群众的最前沿，群众对美好生活的追求和期望丰富而多元，需要数量充足、专业对口的人才队伍去推动高效能治理。当前，社区承载的功能越来越多，社区情况复杂多样。便民服务、拥军优属、养老助残、疫情防控、慈善救济等，都需要社区党组织、居委会、社区服务站、物业服务企业等社区治理相关方具备专业应对能力。可以说，社区治理和服务的专业化水平，很大程度决定了城市基层治理的效能。近年来，各地社区积极探索形成了社区助老夕阳红、党建引领就业服务"三解一圈"、推进国际化社区治理"四法"相融、"365"社区服务、专业助残等工作法。

（二十三）社区助老夕阳红工作法

伴随着人口加速老龄化时代的到来，老年人的生活保障正在由家庭问题转变成社会问题。为解决这些问题，社区通过组建志愿联盟、创新服务模式、打造特色品牌等举措，探索形成社区助老夕阳红工作法。

资源整合，组建"红色助老"志愿联盟。社区将驻区单位党员、"双岗双责"在职党员以及社区党员凝聚起来，组成"红色助老"志愿联盟，成立"我帮你办"红色跑腿志愿者队伍，并公布为老服务热线电话。

按需配方，创新"红色助老"服务模式。根据老人的需求特点，结合"红色助老"志愿联盟志愿者的工作和特长优势，社区建立了"一对一""多对一""一对多"的志愿帮扶机制，创新实施了一天一个电话、一周一次走访、一月一次家政、一季一次义诊、一节一个活动的"五个一""红色助老"志愿服务模式。

"三养结合"，打造"红色助老"特色品牌。针对老年人吃饭难、就医难等问题，社区党组织以实现"康养""医养""文养"相结合的养老模式为目标，积极协调街道党工委，打造老年人日间照料中心，创新开办"康养老年餐厅"和社区"智慧健康小屋"，为老年人的身体健康保驾护航，打通健康养老"最后一公里"。

案例做法

做老年人的贴心人
——吉林省安图县顺山社区

顺山社区党委不断在服务队伍、服务模式和服务载体上寻求创新和突破，逐步形成了自己的服务特色和品牌。

通过爱心互助协会等社会组织的加入，在社区内营造了浓厚的爱老、助老、护老的社会氛围。同时，通过开展形式多样的关心关爱主题活动，让留守、空巢、孤寡、失独等高龄或残疾老人的生活照料难题得到一定程度的解决，使其感受到来自党的关爱、社会的温暖，帮助其找回自信乐观的积极心态，从而不断提高老年人的幸福感、安全感、获得感。

社区一位七旬失独老人患有脑梗，其80多岁的老伴患有脑血栓后遗症，丧失语言功能，"红色助老"志愿联盟的志愿者通过定期走访慰问的方式为老人提供生活照料服务20余次。另一对老夫妻均患有心脏病、高血压，儿子在外地，很少回来，也属于"空巢"老人，"红色跑腿"志愿者一直根据其就餐需要提供配餐送餐服务，解决了吃饭难的问题。新冠肺炎疫情期间，"红色助老"志愿联盟的志愿者为居家单独隔离的老年人提供代买代购、垃圾收集等服务2000余次。

（二十四）党建引领就业服务"三解一圈"工作法

就业是决定一个家庭生活质量和幸福指数的重要因素。该工作法产生的背景是解决社区内下岗职工再就业问题，"三解一圈"即思想上解惑、技能上解难、环境上解忧，打造"十分钟就业圈"。

思想上解惑，根植信心。优惠政策送上前，解惑入心。社区党组织印制区街两级有关全民创业的优惠政策、社区具体帮扶措施彩页送到每个家庭，让居民及时了解当下创业就业政策。聘请工商、税务、人社及各有关部门负责同志，举办创业就业政策解读培训班和各个层面的座谈会，对创业小额贷款、下岗职工创业优惠政策等进行解读。每当国家出台下岗工人的各项政策，发送到每个小区网格微信群，及时传达到每位下岗工人，务必做到人人知晓。

技能上解难，培育能力。通过开辟客场代训基地，实现资源利用最大化；建立主场培训基地，实现增长技能多样化；建立现场实训基地，实现订单式的实用化。

环境上解忧，优化服务。为就业者解忧，为有就业意向的人提供"三式"服务，使他们感受到火一样的热情："一站式"服务、"登门式"服务和"全程式"服务。为创业者解忧：根据下岗职工"三低三少"（能力低、起点低、文化低，资金少、人脉少、资源少）的实际情况，把帮扶创业的基点仍放在发展草根经济上，把做小生意、开小买卖等作为保障下岗居民创业的重点，并为创业者提供全方位"保姆式"的服务。

实现快捷上岗，打造"十分钟就业圈"。建立社区"帮客工作室""就业服务联盟"等就业平台基地，为社区居民提供多渠道、多岗位、多工种、多类型招聘会的全方位就业服务，在社区形成独具特色的"十分钟就业圈"——社区居民只要步行十分钟就能到达用工岗位，节约时间，节省成本，保证工作稳定。

案例做法

找准社区就业服务定位
——吉林省长春市英俊社区

面对下岗失业人员数量多、管理难、就业难的现状，英俊社区党委运用"三解一圈"特色服务工作法，每年能为下岗职工提供不少于 5000 个就业岗位，每年下岗职工的就业上岗率达到 98%。特别是在 2020 年受新冠肺炎疫情影响的就业背景下，社区通过举办招聘会和用工信息推荐活动，使 200 多名下岗职工实现了再就业，党组织服务民生工作取得显著成效，社区居民就业率也得到了显著提高，最大程度地促进了辖区就业水平的提升。

一位社区居民下岗后有志创业，社区帮助他协调租赁场地并减免税费 2 万多元，办起小型农贸市场，实现创业。经过资金和经验的积累，如今他转型办起 1000 多平方米的幼儿园，同时招聘多名大学生来帮助他们就业。社区从自身实际出发，带领群众开办小工厂、小商店，发展服务业，让社区成为稳定就业的"金钥匙"，拉动社区经济发展，带动市场繁荣。

（二十五）推进国际化社区治理"四法"相融工作法

推进国际化社区治理"四法"相融工作法是针对涉外社区个性需求和重点人群多样需求，立足国际社区实际，以"融合"为主题，以"三张清单"（需求清单、资源清单、项目清单）为基础，以服务为先，以文化为媒，总结形成的国际社区工作法。

"四法"即礼仪规范法（树形象高要求、营造国际社区工作氛围、主动联系广交中外朋友），服务推进法（开设基本政务服务、创造专项便利服务），契约管理法（签订入住公约，加强法治宣传、制定居民公约，规范议事流程、汇聚社情民意，建设法治社区），文化交融法（公益文化充满活力、节庆文化其乐融融、志趣文化共叙友情）。

社区治理上侧重于"穿针引线"，协调处理各方关系和利益，以需求为导向，整合各类公共资源、社会资源、自治资源，以精细化的项目运作方式，让中外居民更积极地参与到社区公共事务和公益事业上来。

注重居民结构特点，发扬"四百"（进百家门、知百家情、解百家难、暖百家心）走访精神，着重关注四类群体（新移民群体、中青年群体、中高收入群体、全职主妇群体），凝聚社区共识，促进社区治理。

案例做法

让社区成为外国友人的生活港湾
——上海市荣华社区

上海市长宁区虹桥街道荣华社区面积2.02平方公里，与虹桥经济技术开发区遥相呼应，共有42个居民小区，居民3.2万名，其中来自美、日、韩等50多个国家的居民占比较高。

为适应国际社区工作的特殊环境，荣华社区党总支、居民委员会在开展工作时注重国际社区氛围的营造。例如，社区工作用房和居民活动室的门牌都是中英文对照，办公室的墙上贴着世界地图、中英文居民委员会工作简介等，体现对"洋居民"的尊重。荣华社区坚持为新入住居民提供"五个一"服务（入住一封信、日常一个电、生日一张卡、慰问一束花、回国一份礼），让中外居民感受到社区工作者的主动和热情。

为有效提升国际社区办事便捷度，荣华社区与公安出入境管理部门等多方合作，经授权在社区建立境外居民工作服务站，开展外国人来华"工作许可"和"居留许可"一窗受理。从代缴公用事业费到介绍家教保姆、陪伴老人就医，荣华社区时时刻刻努力解决中外居民日常生活急、难、愁的问题。通过建立区域单位日志，为外籍居民提供本国商品购买信息；依托涉外法律服务工作站，开展涉外法律咨询和纠纷调解，编辑《荣华社区外籍居民常见法律问题三十问》，提供基本公共法律指引。

（二十六）"365"社区服务工作法

"365"社区服务工作法包括"三联""六服务""五机制"，涵盖建强服务队伍、创新服务方式、优化服务规程等方面。

打造3支治理队伍。社区工作者联勤。推行人员定岗、任务定标、工作定规，创建"管线包片联户"。党员联动。将在册党员按照居住区域，编入相应的网格党支部和墙门（楼道）党小组，担任墙门代表及墙门宣传员、卫生员、安全员、调解员（"一代四员"）。志愿联盟。将社区志愿者整合起来，打造集"收集需求、搭建平台、完善机制、壮大队伍、对接资源"于一体的新时代文明实践站。

提供6项精细化特色服务。区域党建服务。实行"大党委"制，推行网格建支部、楼道建小组，在驻区非公有制经济组织和社会组织中建立楼宇和"五小企业"党组织,在社会组织中建立功能型党组织,在物业领域建立物居联合党支部,形成广泛覆盖的区域化党组织体系。综合便民服务。建立社区便民服务厅,承接政府公共服务职能,为居民提供"一站式"服务。智慧信息服务。建立"一库一线一系统"的智慧服务平台,形成居民电话点单、服务平台自动派单、服务团队高效跟单、服务对象即时评价的信息化服务流程。社会公益服务。依托社区社会组织服务中心开展"书香飘翰门、助老进家门、温情溢寒门、服务惠众门"公益活动。特色精细服务。对老年人群体,提供人文关怀等服务;对贫困群体,为不同人群提供针对性服务。共享文化服务。每年开展一次品质墙门创建、"和睦邻里节"和"八心九情进千家"活动,使社区成为居民不愿离去的精神家园。

优化5大服务机制。民情收集机制,推进社区工作者每日不定期到包片区域,实时收集民情民意。民情分析机制,建立日碰头、周研析、月会商、季恳谈、动态听证等工作机制。民情处置机制,一般运用限时办结、归口办理、多方协调等三种形式进行处置。民情反馈机制,运用动态、专项、跟踪、预约、网络等5种反馈形式,及时响应居民所盼。民情评议机制,主要包括一事一评、季度评议、年度述职等三种形式,接受居民的测评打分。

案例做法

打造居民满意"365"
——浙江省宁波市划船社区

推行"365"社区服务工作法,社区党组织在基层治理中的领导地位进一步夯实，进一步厘清了党员、社区工作者、志愿者在社区治理中的主体作用，从根本上实现了对社区各类组织由粗放式松散管理向规范化精细治理服务的转变，社区党组织在为民服务中的主渠道作用进一步发挥。

社区服务模式更加丰富多样，有力破解了"力量单一、活力不足"的难题。培育了"共享单车守护侠""墙门壁护队"等30个社会组织，居民的参与面达到80%以上，每月8日为"阳光八号"志愿服务日，每年3月为志愿服务月，开展各类志愿服务。建立社区文化宫，开展共建共享的社区文化服务，在社区层面，提炼"众人划桨开大船"的社区精神，创作社区之歌和社区赋，建立社区文化长廊，每年开展精神文明成果展演，由居民自编自导自演身边文明人文明事。围绕邻里和谐，开展特色墙门创建并挂牌命名，制作邻里守望卡，定期组织和睦邻里节，开展"邻里学、邻里情、邻里帮、邻里和、邻里乐、邻里颂"等主题活动。

（二十七）专业助残工作法

专业助残工作法是社区服务专业化水平的生动体现。重点对残疾人进行伤残康复、技能培训教育等，充分挖掘残疾人自身潜能，促进其身心康复，提高社区参与程度，营造社会扶残助残氛围，牵手自强，使残疾人更好适应社会。

以品牌为引领，树立鲜明导向。针对社区实际情况，积极支持鼓励社区残疾人克服自身缺陷，考取社会工作师证书并创建工作室。

指导工作室以残疾人需求为导向，策划开展助残项目服务，打造品牌效应，树立鲜明导向。

以"1+5"工作机制为支撑，提供专业助残服务。坚持一个中心。坚持以党建引领为中心，从工作经费、党建阵地、社区志愿队伍及群团、社会组织等方面给予积极支持。贯穿五项机制：一是建立专业社会工作者介入机制。针对残疾人开展专业社会工作个案辅导、小组活动、社区服务，积极构建社会支持网络，推动形成"有困难找专业社会工作者"和人人关心、支持、参与社区工作的社会氛围。二是建立困难诉求销号机制。各网格员每周对网格的残疾人群开展不少于三次的走访，做到"勤在走访，重在处理销号"，有诉求、有帮扶措施、有结转记录，并及时协调社区资源，解决处理。三是建立精准服务机制。每年对社区残疾人进行两次全面的实地调查，通过入户走访、问卷调查、个案访谈等方式，收集整理综合分析个案因素，以专业方法立案帮扶。四是建立项目督导评估机制。根据个案服务记录、小组活动月评估报告、社区活动评估报告及时修正服务偏差，调整改进阶段性社区工作服务目标。五是建立"助残志愿服务日"机制。将每月的某一天固定为"助残志愿服务日"。

案例做法

阳光助残　与爱同行
——新疆生产建设兵团第八师石河子市十七社区

十七社区常住居民4700余户、9000余人，其中持证在册残疾人159人。社区积极践行党建引领下的社区工作者、专业社会工作者、社区志愿者、社会组织广泛参与的联动机制，创建"徐江丽工作室"，把扶残助残服务事业做成兵团社区的关爱品牌。

建立"沟通零距离"成长小组、"心灵导航重塑希望"就业小组、"让梦飞翔"自助小组、"蒲公英手工坊"治疗小组、"创意无限爱心DIY"合作小组等8个小组，通过残疾人亲友聚会、康复讲座、"爱心温暖孤残儿童"、残疾人联谊会、残疾人趣味运动会等社区主题活动，运用专业的知识和技能，全力打造社区关爱残疾人的活动品牌。一位患有抑郁症的残疾人参与小组互动游戏、绢花和串珠等创意手工制作，在与组员的交流互动、学习手工制作中，激发了兴趣与快乐，变得愿意表达自己的想法，也爱上了集体生活，逐渐摆脱了情绪悲观、自我封闭状态，找回了生活的自信心。

充分利用社区医疗卫生资源，开展社区康复工作。做好辅助器具配备、白内障复明、医疗救助、教育救助、居家托养、重度残疾人护理等服务工作，涉及120个残疾人家庭。邀请专业医师开展残疾人康复知识讲座，每月入户随访残疾人并进行风险等级评估，针对不同等级做好帮扶、管控工作，营造了助残扶残良好氛围。

三、如何改进社区物业服务管理

社区治理中，物业管理不仅担负着所管理物业项目的正常运转、为社区居民提供优质物业服务、创建优美的生活和工作环境的职责，而且还承担着协助做好社区治安管理任务。实践中，各地社区根据社区居民多层次、多样化的需求，围绕居民最关心、最急需解决的问题，充分发挥物业企业党组织战斗堡垒和党员先锋模范作用，全面提升物业企业服务质量水平，增强居民群众获得感、幸福感、安全感，探索形成了"两委"物业互动、"红色物业"、"红色物管联盟"、物业监督、公益物业等工作法。

（二十八）"'两委'物业互动"工作法

"'两委'物业互动"工作法是积极探索共建共治共享的社区治理长效机制，为居民提供精准化服务的生动体现。长期以来，由于各种利益关系制约，许多社区均存在物业管理缺位、环境差、矛盾多等方面问题，一旦处理不当，极易引发矛盾。只有理顺社区物业管理服务工作机制，才能全面推进城市社区治理体系和治理能力现代化。针对这一关键环节，一些社区探索出了"'两委'物业互动"工作法。

加强社区"两委"与物业服务企业的沟通互动。每周固定时间，社区"两委"成员和物业服务企业负责人就上一周工作进行总结梳理，对新一周的重点工作进行谋划安排，并对可能遇到的困难进行分析预判，以寻求最佳的解决方案。遇有紧急情况和问题，随时碰头研究，制定工作预案。

每月社区开展的党员集中学习活动结束后，社区"两委"邀请物业服务企业、居民代表与部分老党员就社区工作中遇到的一些问题进行沟通，座谈商议解决办法。

社区"两委"每年联合物业服务企业组织一系列活动，如元宵节猜灯谜、国庆文艺晚会、居民趣味运动会等，活动都由物业服务企业积极支持，增强社区居民对物业服务企业的认同感。冬季取暖问题一直是困扰物业服务企业的大问题，特别是取暖季刚开始时，一些居民因供暖不及时、温度不达标对物业服务非常不满。此时，社区"两委"及时介入，一方面安抚居民情绪，另一方面帮助物业服务企业联系热力公司共同查找原因并解决问题。

通过"'两委'物业互动"，密切了社区"两委"与物业服务企业之间的联系，社区"两委"主动帮助物业服务企业为社区居民办实事、解难事，社区居民与物业服务企业之间的矛盾大幅减少。

案例做法

"两委"物业互动　共促社区和谐
——河北省黄骅市雅居社区

"'两委'物业互动"机制建立后，雅居社区"两委"和物业服务企业共同为美丽家园添砖加瓦。在社区环境提档升级过程中，社区"两委"和物业服务企业注重把弘扬社会主义核心价值观融入社区环境之中：社区"两委"在南大门内壁镶嵌了醒目的24字社会主义核心价值观；物业服务企业在南大门和东大门横梁上安装了LED显示屏，滚动开展社会主义精神文明宣传和法治宣传；在居民楼108个楼道口重新粉刷墙面，制作并安装以弘扬社会主义核心价值观、邻里和睦、提升文明为主题的公益广告。

涉及居民利益的事，社区"两委"和物业服务企业经常超前谋划。居民家办喜事，相关网格员第一时间通知社区"两委"，由社区"两委"联系物业服务企业，帮助设置电梯畅通程序，方便主人及客人上下楼。遇有"白事"，社区"两委"和物业服务企业则第一时间前往吊唁，并根据需要提供力所能及的服务。在某商品房新建楼栋即将交付时，社区"两委"和物业服务企业多次开会进行协商，预测随着这些居民的入住，停车难将会成为一大问题，于是超前制定了一系列解决停车难的措施——由社区"两委"入户发放临时挪车卡，登记车辆信息，做好文明停车的宣传；物业服务企业则实行蓝牙门禁，保障车辆停放有序，同时在新楼前空地规划安装停放电动车、自行车的充电车棚。在各方合作下，新建楼栋入住顺利，停车管理井然有序。

（二十九）"红色物业"工作法

实施"红色物业"工作法就是发挥社区党组织领导作用，通过建立完善的互联互通组织体系，搭建起多方主体平等沟通、互动交流的平台，动员街道社区内的各类社会组织、驻区单位、商户和居民等广泛参与，形成党组织之间、党员之间、党群之间的联系互动，不断推动社区从单一走向多方、从联系松散走向互融共生，最终形成共建共治共享的社区治理格局。

聚沙成塔，绘制基层党组织同心圆。"互融共建、互联共管、互动共治"是社区党组织在落实城市基层党建任务过程中凝练而成的工作思路。社区党组织为加强对驻区内物业服务企业的管理，要不断提升物业服务企业服务水平，更好地服务社区居民，社区党组织应走访物业服务企业，调研物业服务企业与居民引发矛盾的难点痛点，通过整合资源列清单的方式制订工作计划。

握指成拳，引领居民自治协同作战。在纵向上，构建"社区党组织—小区党支部—红色业委会—物业党支部—楼栋党小组"体系架构，实现党组织服务功能的最大化，服务群众零距离。

锦上添花，精准服务促进区域繁荣。社区党组织跳出党建自我循环、党建作用边缘化等误区，加强资源整合，着力提升党组织在城市工作的引领创新作用。社区通过日常组织物业服务企业学习党课、召开组织生活会等方式，提高物业服务企业责任人的政治思想素质，使其愿意为居民做好事、办实事。

案例做法

"红驿舫"筑牢民生阵地
——吉林省长春市会展社区

会展社区坚持党建引领，推进"红驿舫"党群服务模式，打造"红色物业"建设，强化了社区"两委"、业委会、物业服务企业间的沟通联系，让三者在社区居民自治中的作用得到充分发挥。用党的政治优势和组织优势去引导、规范和支撑，才能让物业行业在公益化和市场化之间找准平衡点，真正形成社会效益与经济效益双赢的良性循环。健全领导体制、考核机制和联动机制，构筑严密的组织体系、责任体系和制度体系，才能实现组织优势、服务资源和服务功能的最大化，推动基层党建工作向融合、开放、联动迈进，完成从"聚人气"向"聚人心"转变，从而全面提升基层组织凝聚人心、服务群众、推动发展的能力水平。

社区党委建立了8个小区党支部、3个红色业委会、115个楼栋党小组和5个物业服务企业党支部，发展了17名物业员工成为党员，因地制宜制定了72项"小区公园"设计方案，为6000多户居民解决了房屋漏水、塑钢窗开裂、外墙渗水、活动场地少等诸多难点问题，累计投入700多万元，切实解决了老百姓的烦心事，物业企业的收费率也得到了大幅度提高，企业发展形成良性循环，也愿意向社区投入更多的资源，形成了居民与物业双赢的局面。

（三十）"红色物管联盟"工作法

面对老旧和弃管小区的物业管理难题，社区将党建引领基层治理的红色基因有效嵌入老旧和弃管小区物业管理中，将党员骨干与小区党支部、红色业委会、自管小组拧成了一股绳，为老旧和弃管小区物业管理提供了遵循。

壮大主心骨，党组织在弃管小区组建自管业委会，实现红色引领。为解决垃圾乱扔、车辆乱停等问题，推举有威望的党员和居民组建自管业委会，无偿服务小区居民，经过试点探索，将自管业委会试点经验推广至其他弃管小区，全面组建打造"红色物管联盟"，为弃管小区居民提供有效、舒心、无偿的服务。

当好主人翁，提升小区居民参与意识，拓宽基层治理有效途径。

坚持自治为基。从老旧和弃管小区问题根源入手，鼓励居民树立参与意识，在自我管理、自我服务中当好小区主人翁。要求自管业委会公开透明处理公共事务，保证居民参与和自治的长效开展。除此之外，社区党组织还鼓励居民群策群力加强小区建设，通过党员的率先垂范，提高居民参与物业管理的积极性，实现大家的事大家商量。

打通主渠道，把服务及时送达居民家门口，实现基层治理共建共治共享。社区党委加强对业委会党支部的工作指导，在社区综合治理中，定期组织召开学习交流会议，共同出谋划策、相互扶持，实现社区党建阵地共用、小区资源共享，提升管理效率。

把握主旋律，提升居民生活品质，夯实基层治理的深厚根基。"红色物管联盟"把握主旋律，以提升居民生活品质和为小区居民服务为宗旨，不断完善服务体系、健全服务机制，通过创新服务方式满足居民多种多样的需求，做到为居民服务"五关注"，即关注公共安全、关注公共环境卫生、关注困难特殊群体、关注公共文化培育、关注公共医疗健康，让社区居民幼有所育、学有所教、劳有所得、病有所医、老有所养、住有所居、弱有所扶，有效提升了社区居民的获得感、幸福感和安全感。

案例做法

"红色物管联盟"破解基层治理难题
——吉林省长春市德昌社区

德昌社区组建"红色物管联盟"，充分发挥弃管小区中的党员骨干作用，小区党支部、居民小组、自管业委会拧成了一股绳，担当起了基层治理的带头人，逐渐引领全小区居民共同参与到基层综合治理行动中来，提升了小区居民的幸福感，使老旧和弃管小区的管理不再等、靠政府，而是构建小区党员带动、居民推动的新时代基层治理新模式，实现了社区党建工作由"独舞"到"共舞"的跨越，满足了居民所需，让群众在家门口感受到了党和政府的关怀。

在议事机制上，统筹建立"五会四步"协商议事制度和流程，即单元恳谈会、楼栋小组会、小区议事会、网格协商会、社区联席会和"收、议、办、评"协商议事流程，提高了协商议事的规范化制度化水平。

（三十一）物业监督工作法

物业监督工作法是物业管理服务的典型做法，是为解决物业管理的矛盾和问题而提出的。

承诺开门。一是审计问路。成立由注册会计师、注册物业管理师及业委会成员、业主骨干组成的物业服务费测算及审计小组，在物价和房管部门指导下，在物业服务企业配合下，对物业财务账目进行审计，并测算确保小区运转的基础物业服务费。二是问题导向。社区"两委"要求物业服务企业以解决居民急难愁盼问题为突破口，实行物业服务承诺制度，让业主得到"看得见摸得着"的实惠，确保提升服务质量。三是开门见山。公示审计结果和物业测算费，让业主摸清小区家底，了解价格走向。物业服务企业将物业服务承诺送到业主家中，正式敲开了业主的家门，打开了业主的心门。

"好评付费"。物业服务承诺让业主看到物业公司的诚意，也让业主有了监督物业服务的标准和依据。社区党组织督导"三方联动"引入经济手段，探索在服务承诺及合同中加入物业服务质量保证金和奖励金等"好评付费"条款。一是实行押金制。经充分协商，物业服务企业将涨价部分的一定比例作为押金，交由业委会代管。如果年终物业服务满意率达到约定比率以上，可拿回押金，达不到则押金变为小区基础设施维修金。二是实行奖金制。业委会拿出公共收益所得的一定比例作为奖金，如果物业服务满意率达到约定比率以上，将奖励给物业服务企业。三是实行"双评"制。年终时，组织社区党组织、居委会、业委会、群团组织、社区社会组织等五类组织和居民小组长、楼栋长、业主代表、居民代表等四类群众，对物业服务进行"组织评"和"群众评"的满意率测评，将"双评"工作纳入年度业主（代表）大会的重要内容。

监督护航。在"一诺双评"的基础上，建立和完善物业质量"三监督"机制，由业委会成员、物业质量总监、业主代表组成物业工作监督小组，运用传统巡检＋互联网手段，对物业管理过程中的人财物进行监管。一是确保"人在岗"。在物业合同中明确服务人数、岗位配置要求等，由物业工作监督小组通过"钉钉考勤"、电子巡更、远程监控等智能工具随时检查物业人员到岗及工作情况。二是确保"钱到位"。明确约定重要节点工作付费要求，对电梯维修资金计提、小区公众责任险支付、小区公共收益分成等情况进行监管，确保按时足额划拨。三是确保"物完好"。引入电梯管家、电管家检测系统，通过二维码扫码技术实时掌控设施设备的巡检及运行情况等，使物业服务进入了标准化、智能化、常态化的运行轨道。

案例做法

党建引领"三方联动"

——湖北省武汉市中央花园社区

社区物业服务管理是社区治理的重要组成部分，经过探索实践，中央花园社区建立和完善了物业服务承诺制度、"双评"信用机制、"押金＋奖金"监督激励机制等工作机制，将事后监督变成了过程监督，使物业监督制度化、常态化，从而实现了"双涨"，即物业费涨起来了、服务质量涨起来了；"双赢"，即物业服务企业赢得声誉、居民群众赢得实惠；"双化"，即物业服务规范化、指导监督制度化。物业费是物业服务企业赖以生存和发展的基础性保障。工资涨了、物价涨了，物业费合理上涨符合市场经济发展规律，能够极大地促进物业服务质量的提升，其结果是提高了居民生活质量。

"一诺双评三监督"推动物业服务企业承诺践诺，让诚信回归，企业通过诚实守信赢得了居民的尊重和良好的经济效益；推动物业服务质量直线上升，居民认同感和获得感不断提升。

（三十二）公益物业工作法

公益物业工作法是实施公益物业、有效破解无物业小区服务管理难题的积极探索。

聚焦顶层设计，谋划"三个转变"，充分发挥规模集聚效应。一是变零星改造为连片改造。利用老旧小区改造契机，遵循"位置相邻、邻里相望、文化相连、生活相关"的原则，按照"强弱搭配，统筹协调"的思路，将小区捆绑打包，作为一个整体进行改造，为后续作为一个物业管理区域进行物业管理服务奠定基础。二是变业主的一盘散沙为联合业主委员会。引导居民自治，联合成立业主委员会，作为小区业主的代言人，作为公益物业的相对方，为实施老旧小区公益物业工作法实践做好准备。三是变无物业管理为社会组织治理。注册成立社会组织，设立党支部、理事会、监事会，不以营利为目的，按照民办非企业单位规范运作。工作人员以小区退休党员业主为主，旨在自我服务和发挥余热奉献社会，不追求高薪待遇，不需要缴纳社保，有效降低了中心运营成本。

倾听群众呼声，突出"三个注重"，推动打造共建共治共享。一是注重以人为本，需求导向。把居民群众需求作为首要前提和重要依据，广泛组织居民群众，实现信息共享、共同协商、全程参与、共同缔造。二是注重取之于民、用之于民。社会组织参与物业管理后，收益反哺居民，持续维持低标准物业收费，居民不用缴纳水电公摊费，还将社区公共收益、政府补助、社会捐助等资金全部用于物业服务管理。三是注重联动发力、高效推进。不断拓展党建联席会议制度，深化社区党组织与驻区单位、非公企业、社会组织共建模式，将各领域组织、资金、人员、场地等资源有效整合，做到各类资源下沉基层，组织联建、活动联办、服务联抓。

案例做法

破解无物业小区服务管理难题
——河南省濮阳市玉北社区

玉北社区所辖大多是半开放式小区，存在车辆乱停、杂物乱堆、人员进出无管理、基础设施薄弱等一系列突出问题，是典型的老旧社区。

玉北社区坚持示范带动，成立了幸福家园事务服务中心，打破重建轻管传统思维，提供高效的物业服务管理。加强老旧小区治安管理。新安装16个电子监控设备和10个门禁门，配备4名治安员对每个小区进行巡逻，治安员兼职收费员、电工、小区管理员，完善了老旧小区的长效物业管理机制。完善基础环卫设施。购置新能源电动垃圾清运车1辆、新能源电动洒水车1辆及分类垃圾桶46个，并聘请3名保洁人员清扫院落及楼道，建立起老旧小区的常态保洁机制。通过弱电整治、排水管网整治、楼体及院墙整治、道路整治、公共照明设施整治和规范车辆充电和停放等举措，强力促进老旧小区环境改造提升。

第四部分
协同共治

【政策背景】

习近平总书记指出:"要完善基层群众自治机制,调动城乡群众、企事业单位、社会组织自主自治的积极性,打造人人有责、人人尽责的社会治理共同体。"由此可以看出,新时代的国家治理将更为注重社区功能的发挥。通过发挥多方共治的作用,可以有效地吸引更多主体参与社区治理,对于推动社区治理现代化具有重要的实践价值。

实现协同治理要求在社区党组织的领导下充分发挥社会组织和居民的作用,将政府、社会组织以及社区居民有效地组织起来,发挥集体智慧,群策群力,优化社区治理,进而形成新型社区多方共治模式。

对社区治理而言,政府提供的资源是有限的,必须引入其他社会主体参与社区治理,发挥其他主体的辅助作用,科学配置社区治理资源,构建社区多方共治机制,让政府、社会组织、社区居民各担其责,如此才能不断提升社区协同共治的能力水平。

2010年，中共中央办公厅、国务院办公厅印发的《关于加强和改进城市社区居民委员会建设工作的意见》提出："支持社会组织和社区志愿者参与社区管理和服务。社区居民委员会要积极培育社区服务性、公益性、互助性社会组织，对不具备登记条件的社区服务性、公益性、互助性社会组织，要主动帮助办理备案手续，并在组织运作、活动场地等方面为其提供帮助。社区党组织要加强对社区各类社会组织的政治领导，注意培养社区社会组织负责人队伍。要通过政府购买服务、设立项目资金等途径，积极引导各种社会组织和各类志愿者参与社区管理和服务，鼓励和支持社区居民开展互助服务，使之成为推进社区居民委员会工作的重要力量。大力推行社区志愿者注册制度，健全社区志愿服务网络，力争用3至5年的时间，实现社区志愿者注册率占居民人口10%以上的目标。"

2017年，中共中央、国务院印发的《关于加强和完善城乡社区治理的意见》提出："统筹发挥社会力量协同作用。制定完善孵化培育、人才引进、资金支持等扶持政策，落实税费优惠政策，大力发展在城乡社区开展纠纷调解、健康养老、教育培训、公益慈善、防灾减灾、文体娱乐、邻里互助、居民融入及农村生产技术服务等活动的社区社会组织和其他社会组织。推进社区、社会组织、社会工作'三社联动'，完善社区组织发现居民需求、统筹设计服务项目、支持社会组织承接、引导专业社会工作团队参与的工作体系。鼓励和支持建立社区老年协会，搭建老年人参与社区治理的平台。"

2021年，中共中央、国务院印发的《关于加强基层治理体系和治理能力现代化建设的意见》提出："完善社会力量参与基层治理激励政策，创新社区与社会组织、社会工作者、社区志愿者、社会慈善资源的联动机制，支持建立乡镇（街道）购买社会工作服务机制和设立社区基金会等协作载体，吸纳社会力量参加基层应急救援。完善基层志愿服务制度，大力开展邻里互助服务和互动交流活动，更好满足群众需求。"

【实践探索】

一、如何引导多方力量参与社区治理

引导多方力量参与社区治理，推动社区共建共治，增强社区治理合力，是提升社区治理效能的重要措施。近年来，许多社区深入开展社区共建活动，大力培育驻区单位、各类组织和全体成员的地缘意识、参与意识、公共服务意识，呈现出"共驻社区、共建社区、共享社区资源"的良好态势。比如以区域党建联盟推动社区"两委"与社区社会组织、驻区单位的紧密联系；又如积极培育发展社区社会组织，引导社区社会组织更好提供服务、反映诉求、规范行为；再如积极邀请有关驻区单位参加社区的协商议事活动，增强驻区单位与社区的粘合度；还有的社区链接驻区单位的慈善资源，在为社区困难群体解决实际问题的同时，也提升了驻区单位在社区的影响力。近年来，各地社区探索形成了"多方协同"、社区民主协商委员会、"三支"、"小巷管家"、汇聚各方资源"一首两翼"、"党建联盟"、促进共治"四盟"、链接社会力量"近邻服务"等工作法。

(三十三)"多方协同"工作法

"多方协同"工作法主要是指在社区治理过程中,为弥补社区资源匮乏的状况、满足居民需求,注意引入包括政府、企事业单位在内的驻区单位参与社区建设,以推进社区多方协同共治。

协同内容多种多样。即以居民的多样化需求为导向,寻求外部资源,为社区建设和发展提供支持。针对社区居民的多样性需求,社区在平时的工作中和居民深入交流,在了解他们的需求的基础上,有针对性地引入其他单位资源。

协同主体多种多样。即与拥有优势资源的单位建立起广泛的、多方的资源链接关系。社区根据各单位的资源优势,积极与这些主体之间进行链接,从而通过多方协同获得资源,满足社区居民多样化的需求。

协同载体多种多样。即通过活动、项目等多种形式与其他单位展开多方协同,通过优惠体检的方式与医院协同,引入医院的优势资源;通过巡回法庭的方式与法院协同;尤其是帮扶社区社会组织积极申请政府购买服务项目,通过项目制的形式争取政府资源等,充分体现了多方协同实践中载体和方式的多样性。

协同获得多种多样。即通过建立共赢机制,使居民、社区以及提供资源的其他多种主体都能够成为多方协同的获益者。建立互利双赢的制度模式,将协作关系制度化,形成运行的长效机制。

案例做法

实事共办　难事共解
——吉林省长春市长山花园社区

长山花园社区原是国有企业胜利零件厂的家属区，随着工厂的破产，可用资源的缺位使社区发展陷入了困境。为破解资源获得方面的窘境，长山花园社区一方面积极争取政府部门的可用资源，另一方面积极与其他单位协同联动，合理充分地用好其优势资源，满足社区居民多样化的需求。例如，在"三官一律进社区"的活动中，社区请检察官、法官、警官、律师为居民普及法律知识，还积极与法院协调，使巡回法庭开到了社区内，不仅提高了居民的法律意识，也为社区稳定创造了有利的法律环境。

长山花园社区的居民中老年人占很大的比例，社区一直十分关心他们的健康问题。因为生活条件的限制，很多老年人没有定期检查身体的习惯，导致"不病则已，一生病就是大病"的现象在社区中比较普遍。为了鼓励和帮助社区的老年居民定期体检，社区与驻区的一家大型医院沟通协调，希望他们能够为社区老年人提供适合的体检项目，并且相应地降低体检费用。通过社区的努力，医院最终同意以每人30元的价格为社区居民提供体检服务，第二年更是降到了每人15元。在这之后，随着长山花园社区知名度的提高，很多医院也开始主动找到社区，希望能够与社区开展合作。

（三十四）社区民主协商委员会工作法

社区民主协商委员会工作法是社区根据老年人和流动人口相对较多，具有小事多、乱事多、难事多、历史遗留问题多等特点而探索形成的工作方法。为了解决直接发生在百姓身边的小事、乱事、难事，探索成立社区民主协商委员会，总结形成"356"协商议事机制。社区民主协商委员会由8个方面人员组成：社区党组织代表、社区居民委员会代表、居务监督委员会代表、网格员代表、居民代表、妇女代表、驻社区单位代表（包括企事业单位、物业公司等）、社区骨干代表（包括社区老党员、老干部、住在社区的"两代表一委员"、群团组织负责人等），每个方面推荐产生1人，均为兼职。社区民主协商委员会在社区党组织领导和社区居民委员会指导下开展工作。

"3"即协商议事三个总原则。集体决策原则：凡属社区民主协商委员会职责范围内的问题需集体讨论决定，不能搞"一言堂"；少数服从多数原则：少数服从多数，坚持民主集中制；一事一议原则：一事一议，提高议事的质量和效率。

"5"即议题筛选确定坚持"五议五不议"。"五议"即社区公共事务，应该议；社区公共矛盾，应该议；社区公共秩序管理，应该议；社区公共设施的建设、管理、使用，应该议；属于社区党组织、社区居民委员会管理权限内的其他重大事务，应该议。"五不议"即涉及党的政策、国家法律法规有明文规定的事项，不议；上级党委、政府有明确要求、明文规定的事项，不议；需社区居民会议或居民代表会议审议的事项，不议；明显带有歧视性、明显不公平的事项，不议；属于个人矛盾、两方纠纷的事项，不议。

"6"即社区协商六步议事程序。一是广开渠道收集议题，确保通过上级党委、政府"点题"，社会组织"送题"，社区民主协商委员会成员自身"带题"，居民"报题"等多种形式收集议题。二是筛选确定议题，凡符合大多数人员意愿的合理诉求，原则上确定为协商议题，交由社区民主协商委员会协商、讨论。三是初拟方案，根据协商议题，提前拟定协商方案，收集协商资料。四是召开会议，由召集人组织与会人员围绕协商议题广泛交流、自由辩论、达成共识。五是社区"两委"督促抓落实，社区党组织、社区居民委员会始终与社区民主协商委员会紧密联系，及时组织、督促落实。六是协商成果及时通报备案，利用多种形式通报、公开，接受监督。

案例做法

为民协商解难事　化矛盾由民做主
——黑龙江省哈尔滨市哈量三社区

2019年1月，哈量三社区某栋楼的居民们的宁静生活被一群外卖骑手打破了。原因是该栋一楼的一家门店被外卖网络平台公司租用，成为骑手休息和等活儿的集散地。由于外卖车辆停放堵路、骑手骑行过快、个别骑手与居民沟通不畅等问题，造成骑手与本栋居民的关系日趋紧张，特别是在一名骑手险些撞上一名出行老人、双方因此事发生了激烈的口角后，居民们原本郁积的不满也随之爆发，并且惊动了110出警。因不属于治安案件，民警在进行了必要的调解后收警。但居民与骑手的矛盾并没有就此解决，居民们以扰民和存在安全隐患为由，多次拨打市长热线电话进行投诉。经有关方面多次调解，双方仍僵持不下。在此情况下，街道办将此纠纷交由社区民主协商委员会解决。

在社区民主协商委员会的主持下，矛盾双方围绕议题广泛交流、自由辩论，最大限度行使自己的话语权。矛盾双方在社区民主协商委员会的分别引导下，剖析问题起因，分析问题经过，反思事件造成的影响，主动发现自身存在的不足，开始互相谅解并达成和解，最后就议题采取表决的方式，形成了和解协议。外卖网络平台公司同意退租，在迁走之前严格规范员工的行为，进入小区减速慢行、有序停放车辆、不阻塞通道影响居民出行，并就之前的不当行为引发的矛盾道歉。居民方对外卖网络平台公司需要一段时间寻找合适的办公地点表示理解，同意它们提出的暂缓迁走的要求，利益双方达成共识。

（三十五）"三支"工作法

随着新型城镇化的加快推进，城市新建社区数量越来越多，同时在城市更新过程中，一些社区居住格局也进行了相应调整，由此导致居民之间走动较少、关系冷漠，对社区缺乏归属感、荣誉感，参与社区事务的积极性、主动性不高；社区人力资源、公共资源整合效率较低，服务方式单一、平台不多，无法满足居民多样化的需求。为此，社区通过"三支"工作法积极培育社区社会组织，激发他们主动参与社区建设的热情，不断满足社区居民多方面的需求。

社区支持搭平台。发挥社区党组织领导作用，通过"两委"搭建平台，支持培育发展社区社会组织，不断增强党组织的组织力、凝聚力和战斗力。以社区"两委"、物业服务企业、业委会、社区互助会（枢纽型社区社会组织）为主体，建立联席会议、居民反馈和议案、跟踪落实等制度，打通居民组织化参与、协商化议事渠道，重点支持社区社会组织主动议事。

组织支撑强枢纽。以社区互助会为龙头，实时动态收集居民群众各类诉求，尊重居民对社区社会组织发展的实际需求和想法，引导其成立所需要的社区社会组织。坚持以社强社。社区互助会在培育发展社区社会组织过程中，注重引导居民建立"信任、参与、承担、互助"的价值观，挖掘和聚拢一大批社区党员骨干以及能人、好人，推动各类社区社会组织规范化、专业化、品牌化发展。坚持以社带社。发挥社区互助会的统筹示范作用，带动社区社会组织与社区"两委"同频共振，共同建设新时代美好社区。

专业支助重激发。激发居民、专业社会工作者、社会组织积极参与是"三支"工作法的根基。以文化激发居民。用特色文化凝聚居民共识，激发居民情感认同；以爱心捐赠、支援贫困山区等活动激发居民志愿服务精神，增强居民对社区的参与感和归属感。以专业激励社区工作者。鼓励社区工作者走职业化道路，健全三岗十八级社区工作者薪酬体系，奖励通过初级、中级和高级社会工作师考试的社区工作者；鼓励专业社会工作者创建社会组织，在项目和基金上给予倾斜；鼓励专业社会工作者带动社区社会组织发展。以荣誉激励社区社会组织。注重发挥社会组织在社区共同体建设中的桥梁纽带作用，鼓励其带动居民通过多种平台来解决群众需求，通过垃圾桶设置、社区红色夜校运营、少儿辅导教育等议案的圆满解决，激发社区社会组织的成就感；通过定期评选社区公益达人、表彰奖励优秀社区社会组织等方式，持续激发社区社会组织的参与积极性。

案例做法

"三支"互助打造社区共同体
——江苏省南京市翠竹园社区

翠竹园社区始终坚持以人民为中心，聚焦群众需求，整合社区资源，搭平台、强枢纽、重激发，创造出了"社区支持、社会组织支撑、专业社会工作者支助""三支"工作法。社区支持，即社区"两委"重视、支持培育发展社区社会组织；社会组织支撑，即社区社会组织之间相互支撑、协同发展；专业社会工作者支助，即专业社会工作者引领、促进、支助社区社会组织专业发展。

2014年至2021年8月，通过"四方平台"协调解决了各类社区矛盾问题350多起。打造项目平台。挖掘社区居民需求，梳理形成项目清单，发挥社区"微基金"的引导作用，通过公益创投、提案大赛等方式，打造了无敌少儿团、社区沙龙等系列服务项目，并通过项目引导社会组织扎根社区、持续发展。组建活动平台。坚持开展跳蚤市场、体育赛事、文艺晚会、对口帮扶等活动，增进居民之间的情感、认同和信任。充分利用社区空间，打造了社区双语图书馆、儿童活动中心、银发餐厅、社区老年大学等一系列社会组织活动平台。

在2021年7月南京新冠肺炎疫情防控最为紧迫阶段，社区互助会积极协助社区调动居民、专业社会工作者、社会组织，创新设计核酸检测信息化软件，依托各类社区社会组织的线上微信群，进行信息摸排、宣传倡导、居家防护，先后招募疫情防控志愿者190多名，服务居民4万余人次。

（三十六）"小巷管家"工作法

"小巷管家"工作法是引导驻区单位实现共建共治的举措。社区围绕党组织领导、政府负责、社会协同、社区居民共同参与的工作思路，广泛动员社区党员、社区居民、社区社会组织和驻区单位等积极参与社区治理和环境整治提升工程，真正做到决策问计于民、问需于民，工作聚力于民，效果求证于民，实绩普惠于民。

组建"小巷管家"团队。一是招募"小巷管家"，组建"小巷管家"团队。按照"一巷一管家"原则，面向社区居民招募"小巷管家"，"两代表一委员"、社区社会组织负责人优先。二是落实聘任流程，保障"小巷管家"履职。社区党组织、社区居民委员会牵头，组织符合招募条件的"小巷管家"认领街巷，确定"责任区"

后,召开"小巷管家"团成立大会,颁发"小巷管家"聘任证书。三是完善培训内容,提升"小巷管家"能力。建立初任培训、集体培训、技能培训"三位一体"的培训指导体系,提升"小巷管家"突出问题查报能力和专项问题处置技能。

践行"小巷管家"工作经。社区总结"巡、访、做、报、记、刷"六字工作经。每日巡:每天对街巷进行巡视。经常访:对社区居民、驻区单位、辖区门店经常性走访。随手做:对不文明行为及时进行劝阻,遇到可以自行解决的问题及时处理。实时报:针对自己力不能及的事项及时上报街巷长,并对街巷长工作落实情况进行监督。及时记:将巡访情况详细记录在册。按时刷:把"小巷管家"纳入社区志愿者队伍,配发志愿服务卡。

建立"小巷管家'152'"管理体系。一是制定1份管理总纲,明确"小巷管家"日常管理职责及考核标准。二是完善招募退出、明确职责、培训指导、服务积分、"金牌管家"评选等5项制度。三是建立2项问题处理机制。创新建立"'小巷管家'吹哨,街巷长报到"机制,及时发现、及时处置。同时,将"小巷管家"发现问题的处置工作纳入社区共治议事协商机制,定期围绕社区公共事务开展协商议事。

案例做法

人人有责 人人尽责 人人共享
——北京市夕照寺社区

夕照寺社区位于北京市东城区龙潭街道,面积0.85

平方公里，共有居民楼 24 栋，常住人口 1434 户、4152 人。"小巷管家"工作法实施后，社区居民把社区当成自己的"家"，通过了解"家底"，体会当好社区这个"家"的不易。在社区治理中，通过"小巷管家"调动社区居民参与自治的积极性，切实增强居民的社区认同感、归属感、责任感和荣誉感，处理好社区治理的"最后一米"问题。

"小巷管家"及时发现反馈问题，成为社区党委、社区居民委员会的"左膀右臂"。在夕照寺西里南区的环境整治工作需要拆除违建、划分停车位、引进停车管理公司、规划小区花园，每件事都需要各方面的沟通协调。"小巷管家"主动履职尽责，广泛收集民意，发动社区居民参与小区整体规划设计，积极做好居民与施工单位、居民与居民之间的沟通调解工作，在环境整治工程项目中发挥了重要作用。

依托"小巷管家"机制，社区居民深度参与社区环境改造工程全过程，提高巩固社区环境整治成果的积极性。比如，西里五号楼、七号楼居民在"小巷管家"的带领下，继续深化对楼内空间的有效利用，运用环境整治过程中形成的参与式协商讨论会议机制，由楼内居民共同参与制定楼内规范，使更多的问题通过社区居民自治的方式得以解决。

（三十七）汇聚各方资源"一首两翼"工作法

社区结合发展背景和自身的实践经验，创造性提出"鸿雁真情暖万家，'一首两翼'工作法"，形成"奉献、责任、服务、创新、诚信"的"鸿雁"为民服务理念，并延伸应用到基层治理。该工作法以社区党组织为领头雁（"一首"），以居委会、便民服务中心为"两翼"，把社区打造成温暖的"大雁巢"，打通了党和政府联系居民群众的"最后一公里"。

"头雁领飞"即以党建为引领，充分发挥党组织在基层治理中的"领头雁"作用。实现城市基层党建共建、资源共享、机制衔接、功能优化，加强系统建设和整体建设。以党支部为引领，发挥党员模范带头作用，开展在职党员到社区报到活动，实现"社区＋单位"的双重管理与双向反馈；通过强化正向激励和反向约束，引导党员亮身份、树形象、起作用。

社区居委会团结多方力量，构建"雁阵效应"。坚持和完善共建共治共享的社会治理制度，在基层治理中，串联社会中的各个群体，整合政府、社会、市场、个体居民等多方社会资源，实现了多方协商共治。以争取政府支持为前提、企地共建为核心，让社会志愿服务体系和社区社会组织更好参与基层治理，达到协调联动、共治融合的效果。

建立快速回应群众关切的一套服务预警机制。社区从亲情化联络站有呼必应、亲情话联席会议提前介入、平安驿站守望相助三个方面，做到群众有呼声，快速回应；服务有问题，提前介入；社区有警情，及时干预。

社区以便民服务中心为载体，在调解居民矛盾的过程中，不仅了解居民不和的表面原因，而且深入了解矛盾产生的本质根源，抓住矛盾的源头，找到调解问题的核心办法，实现"鲜花要在基层开，疙瘩要在基层解"。

案例做法

鸿雁真情暖万家
——山西省阳泉市段南沟社区

段南沟社区是典型的资源枯竭工矿型城市社区，98%的居民是某煤矿的职工和家属。因为转型的原因，许多职工分流到其所属的外地公司，社区里空巢老人多、留守儿童多、特殊人群多，家庭、邻里的矛盾多。

2021年1月，小区的一名高层住户家中的管道井暖气管路破裂漏水，造成楼下居民家中多处家具、墙面装修等各类损失，并且因为进水位置为电表箱部位，从而引发了供电系统损坏，整栋楼住户无法正常用电。在接到居民反馈的情况后，社区干部第一时间赶赴现场，并紧急联系物业服务企业、供电公司等协助处理问题，尽最大努力降低居民损失，帮助居民恢复正常的生活秩序。但由于漏水问题严重，居民损失较大，高层漏水住户与楼下10户居民产生矛盾纠纷，邻里关系紧张；住户与物业服务企业、供暖等部门之间围绕责任划分和损失承担等问题争吵不断；居民心情烦躁，不满情绪逐渐积累。

面对这一突发情况，社区运用"一首两翼"工作法，一方面，安抚居民情绪，让社区党员挨家挨户做思想工作；及时解决供电问题，保障居民的正常生活。另一方面，为了化解矛盾，社区组织全体涉及漏水事件的住户、物业服务企业、热力公司以及律师等多方代表共同参加了矛盾调解会议。经过近一个月的跟踪协调，最终使得各种诉求回归法律、回归理性，在春节之前圆满解决了道歉、赔偿等问题。

（三十八）"党建联盟"工作法

在加强城市基层党建中，社区着眼于巩固基层党组织领导地位，推进各领域党组织互联互动，实体化打造"党建联盟"，统筹各类资源，凝聚各方力量，更好地发挥基层党组织的政治功能，为建设高品质和谐宜居社区、满足人民群众对美好生活向往提供了有力的支撑。

坚持要事共办，做到同下"一盘棋"。社区结合实际，创新思维，大胆尝试，主动出击，重点建立上下联动、横向互动的区域化党建组织体系。吸纳驻区机关企事业单位、社会组织等各领域党组织，组建了"党建联盟"，成立联盟理事会。积极与驻区单位沟通协调，建立健全联席会议等运行机制，共同商讨处置办法。

坚持治理共管，做到同织"一张网"。大力推行"多网合一"，积极整合有关职能部门在社区设置的网格资源，由社区"两委"委员担任网格长，选聘一批素质好、热情高、情况清的居民担任网格员。

坚持服务共抓，做到同使"一股劲"。社区党组织始终以开放共享的思维，坚持与其他社区、驻区单位的横向互动，以"四个打造"为载体，组织联盟成员单位将服务资源下沉到社区，针对居民群众实际需求，与社区逐一确立共建服务项目，共同组织推进实施，提升了社区服务的针对性和实效性。

坚持先锋共育，做到同唱"一个调"。社区坚持与联盟成员单位联合开展党建活动，拓展党员发挥先锋模范作用的领域和空间。各联盟成员单位分别组建党员突击队和党员服务队，主动开展健康义诊、法律维权、帮扶济困等志愿服务。

案例做法

实体化打造"治理共同体"
——吉林省松原市士英社区

针对党建工作面临的新业态、新要求、新形势，士英社区党支部始终坚持与上级党委"同心、同向、同步"的工作总基调，牢固树立"共驻、共建、共赢"的工作理念，持续吸纳驻区单位，在探索构建区域化党建工作格局基础上，不断深化"城市基层党建联盟"建设，积极为社区居民提供教育、文化、医疗、救助、就业等方面服务，有效提高社区治理和服务群众水平。

2018年以来，社区通过联盟会商等方式为社区下岗居民提供就业岗位213个，解决私搭乱建、车辆占道等热点堵点痛点问题83个，联合开展平安社区、共建和谐家园等共驻共建活动67次，帮扶群众33次。建立目标责任制度。士英社区党支部与联盟成员单位共同研究确定服务项目25个,并通过签订共驻共建协议书、年度服务项目计划书等方式,落实工作责任,明确工作任务。建立限时办结制度。联盟成员单位按照年度服务项目计划书,结合自身实际,有计划、有步骤地抓好全年服务项目落实,在规定时限内完成既定工作任务,并接受街道党工委和居民群众监督。建立监督评议制度。从社区居民群众、街道社区党员干部等群体中聘请5名监督评议员,定期对联盟成员单位进行评议。依托社区党务政务公开栏,将联盟成员单位办结事项和评议结果等进行公开宣传。建立评价反馈制度。每年年底,社区党支部都组织社区"两代表一委员"及居民群众代表,对联盟成员单位一年来开展共驻共建工作情况进行赋分,并将评价结果上报给街道党工委。

(三十九)促进共治"四盟"工作法

为凝聚社区治理整体合力,一些地方用党建联盟方式将区域内各类党组织纳入社区大党建格局,加强横向联系,突破以往"人情式""援助式"等传统型共建关系,实现了党建资源跨行业、跨领域、跨区域融合,建立以社区党组织为引领的党建共同体,形成"四盟"工作法,基层党组织统筹资源能力明显增强,巩固了党组织在基层各类组织、各类群体中的领导地位。

与物业公司联盟,创建和谐美丽的宜居社区。成立物业联盟党组织。构建"1+5"红心物业治理体系,"1"是社区党组织,"5"是居委会、小区党支部、业委会、物业服务企业、党员红管家。在社区党组织领导下,各成员单位充分发挥自身优势,集中力量,齐心协力开展工作,逐步形成"你中有我、我中有你"的物业服务格局。建立红色议事会制度。由社区党组织牵头,建立业委会和物业服务企业共同参与的"三方"联动机制,每月收集居民意见建议,定期召开圆桌会议,及时督促物业服务企业整治整改,将矛盾及时化解。推出特色服务项目。把物业服务企业的资源优势利用起来为社区居民解决问题,组织物业公司党组织认领服务清单和服务项目,推出"志愿楼长""一家亲""大篷车"等特色服务项目。组织社区党员群众认领服务项目,有效补充物业服务短板,打通互联互动、互助互促的渠道,为居民生活提供暖心服务。

与社会组织联盟,创建富有向心力的满意社区。突出服务联合。坚持居民群众得实惠、社会组织得便利、社区工作得支持的"三方受益"原则,建立联盟服务清单,切实增强联盟吸附性。突出专业联合。通过社区社会组织整合公益资源、精准对接公益需求、培育公益力量、塑造公益品牌项目,为居民提供专业化服务。突出项目联合。社区通过大调研大走访精准掌握居民需求,优化服务模式,通过公益创投、政府购买服务等方式进行链接,补齐政府公共服务短板。

与驻区单位联盟,创建富有实力的创新社区。成立联盟综合党组织。全面推进城市基层党建联盟建设,推动与驻区单位党建区域化融合发展,确保企业投资到哪里、项目落户到哪里,党的组织就覆盖到哪里。实行轮值主席制。驻区单位党组织书记每月轮流担任执行主席，牵头策划开展党建工作。健全议事活动机制，定期召开党建联席会议和工作例会，实现事务共议、难题共解。创新关爱服务载体。驻区单位建立"义基金"项目，对社区内的低保户、特困户及无生活来源的孤老残幼等困难群体及时进行爱心救助，使帮扶弱势群体服务提升到星级水平。

与志愿服务组织联盟，唱响富有魅力的人文社区。发挥社区党组织统领优势，搭建志愿者服务平台，采取自愿报名、项目招募和活动招聘的方式，在社区范围内注册志愿者，按照就近和自选的原则，成立了志愿者服务中心，组建以不同着装和服务对象为区分的蓝色"圆梦天使"、红色"夕阳呵护"、橙色"同享蓝天"、白色"一缕阳光"、绿色"牵手行动"的"五色光"志愿服务队。

案例做法

建强联盟促治理
——吉林省长春市东风社区

东风社区具有居民人口多、驻区各类单位多、收入稳定人群多、区域面积大、服务资源辐射广、服务质量要求高的"三多一大一广一高"特点。东风社区从需求处入手、问题处着力、矛盾处突破，联合社区内的7家物业服务企业、20家社会组织、33个驻区单位和19个志愿服务组织，建立了社区"四盟"平台，合力为居民提供优质服务，满足居民的服务需求，补齐政府服务短板，推动了社区治理能力的进一步升级。

家住棚户区的某社区低保对象平时靠拾废品为生，他家五口人，有三个孩子，其中两个未成年；他们居住的平房墙体裂缝严重，一到汛期就有坍塌的危险。社区党委帮助他们搬离危房，随即驻区单位启动"义基金"长期对他们进行帮扶。

每年在社区大院举办"公益集市"项目，居民以闲置物品置换二手物品，有助于弘扬勤俭节约、助人为乐的传统美德。开展"E课堂"、线上"云党建"，实现组织建在网上、党员连在线上。引进了东北师范大学"红烛"志愿者协会、吉林联青志愿者协会等，壮大了社区志愿服务力量。目前，社区"五色光"志愿服务队的注册志愿者达7500人，开展志愿服务活动8100次，营造了浓厚的志愿服务氛围。

（四十）链接社会力量"近邻服务"工作法

为解决老旧小区多、外来人口多和驻区单位多的难题，社区整合党员群众、志愿服务者、群团组织、驻区单位等多方力量，积极开展以助幼、助教、助医、助老、助困为基本内容的"近邻服务"，推动为民服务水平更上新台阶。

建基地、筑平台，激活共建"内驱力"。一是聚焦问题，关注痛点建立服务场所。二是依托平台，统筹资源发动各方参与。开展"四点半课堂"、"阳光公仆"志愿服务队进社区讲课等综合服务，统筹社区、共建单位和社会组织三股力量，解决社区家庭的后顾之忧。对接社区法官工作室和下片民警共同开展失足青少年的转化工作，用亲情感召愈合失足青年心灵创伤，用公益服务引导边缘学生回归社会。三是凝聚优势，各司其职形成治理合力。综合社区场地优势、共建单位专业优势和志愿服务团队人力优势，形成从学校到社区、从教育到德育的全方位、全环节青少年服务，打造政法机关、检察机关、学校、家庭、社会共同参与的多维帮教模式，助力解决青少年教育问题。

聚人心、创特色，提升治理"战斗力"。一是凝聚人心，发动社区居民人人参与。依托新时代文明实践站，建立党员志愿服务队、学习雷锋志愿队、老年志愿服务队等不同类型志愿队伍，号召居民共同参与社区治理。二是关爱近邻，用身边力量解决身边问题。协调驻区企业承担社会责任，为社区居民群众和外来人员提供就业创业门路。三是创建品牌，共同营造美好生活家园。围绕爱教育、爱公益、爱文艺的特点，创建"爱心慈善会"等社区品牌项目，开展互帮互助、排忧解难、邻里相亲、和谐友善等服务活动。

组团队、立制度，延续服务"保障力"。一是党员先行，先锋模范带动志愿风尚，整合条、块管理服务力量，使社区工作更加便捷、务实、高效。二是制度保障，规范操作彰显惠民实效。建立健全爱心慈善款的管理公示制度，引入居民群众评议制度，用阳光操作和规范管理，切实维护组织公信力和治理持续性。三是多重激励，精神物质共促治理延续。社区坚持为近邻服务项目配备一定资金，并依据服务开展情况和居民群众评议对先进单位和个人给予一定奖励。

案例做法

多方参与　共同治理
——福建省石狮市玉湖社区

福建省泉州市石狮市湖滨街道玉湖社区面积1.5平方公里，户籍人口4900余人，常住人口1万余人。社区党委下设11个党支部，共有180名党员。社区有8条商业街和3000多个商业店面，有玉湖农场、玉湖食品厂、果蔬批发市场、小商品市场及80多家小型民营企业，有新湖中心小学、湖滨社区诊所、石狮市农商银行玉湖分行等多个单位。

社区围绕青少年教育，建设社区服务站、青少年活动基地等服务场所，为社区青少年学习和生活提供便捷场所。联合石狮市人民检察院和石狮市关工委，共建未成年人帮教基地、失足青少年帮教中心，建设青少年再社会化的社区实践场所。

通过优先安排就业、减免摊位租金、协助申请贷款等多种帮扶形式，累计协助社区困难居民和外来务工人员实现就近就业600多人次。其中，爱心慈善会从2004年至2021年7月共募捐到爱心慈善基金1052万元，广泛运用于扶贫济困、救死扶伤、助学兴教、援助灾区等方面。

成立党员志愿服务队"绿叶小组"，协同学校、家庭、社会共同开展关心下一代工作，建立办实事、解难题、促长效的志愿服务机制。同时，通过媒体积极宣传近邻服务的事迹，表彰先进集体与个人，引导社区上下形成共建共享、关爱近邻的氛围。

二、如何开展联防联控、群防群控的社区疫情防控工作

新冠肺炎疫情发生以来，广大城乡社区组织筑起社区疫情防控的铜墙铁壁，400多万名城乡社区工作者在全国65万个城乡社区日夜值守，充分发挥基层党组织的战斗堡垒作用和基层群众性自治组织的动员凝聚作用，以"跟我上"的气魄冲锋在前，带动社区居民、社区民警、社区医生、物业服务管理人员、驻社区企事业单位、社区社会组织、社会工作者、志愿者等共同参与，构筑群防群控严密防线，落实联防联控措施，共同投入社区疫情防控一线。有的社区主动链接专业资源，积极动员组织社会工作者和志愿者等力量为居民群众服务；有的社区用好社区微信群、社区公众号、智慧社区客户端等信息平台，灵活采取线上、线下方式服务居民群众；有的社区有效统筹社区防控力量，支持机关企事业单位干部派驻社区的党员干部结合自身实际、积极发挥作用，凝聚社区防控工作合力。在抗击新冠肺炎疫情的过程中，各地社区探索形成了联防联控"三个一"、常态化疫情防控"5337"、"动态联防"、"十字防控"等工作法。

（四十一）联防联控"三个一"工作法

新冠肺炎疫情暴发以来，一些社区坚持"三个一"工作法，始

终秉承"爱心、耐心、细心、责任心、韧心",与居民肩并肩、心贴心,共同筑起疫情防控第一道防线。

坚持党建引领擎起"一面旗"。社区充分发挥基层党组织战斗堡垒和党员先锋模范作用,在社区党总支领导下,全体社区工作者坚守防疫最前沿,社区书记带领社区"两委"班子成员用担当践行共产党员的本色,组织市、区单位"好样的工作队"下沉干部和志愿者中的党员成立临时党支部,让党旗高高飘扬在社区防控一线。

强化网格作战织密"一张网"。社区以网格为基本作战单元,将小区封控关口前移,由小区封控优化为楼栋封控。统筹下沉干部和志愿者成立在每个楼栋组建由1名网格员带领1名市、区下沉干部和3名志愿者组成的"113"群众服务小分队,定人定岗定责,全面参与疫情防控的排查、值守、巡逻、保供、帮困等各项服务工作。

用好六字诀筑牢"一道墙"。"封"楼不封爱,对有特殊就医需要的居民,由社区工作者协调就医车辆,安全送到医院就诊。"控"人不控情,从初诊、分诊、转诊的各个环节都陪护在居民身边,让居民感受温暖。"管"事不出事,强化对吸毒史、刑释解教人员和精神病人等特殊人群的跟踪管理,杜绝发生情绪失控等肇事肇祸事件。"宣"导不缺位,运用小区广播站、社区微信公众号平台、网格群等做好宣传,及时引导防疫舆论,安抚居民情绪。"购"物不漏项,实现社区所有居民爱心鱼、爱心蔬菜、爱心鸡蛋、爱心馒头全覆盖免费发放。"送"货不断档,将居民群众需要的粮油米面、时蔬、肉类等必需物资和居家生活日用品等送到居民家门口。

案例做法

联防联控"三个一" 保供暖民战疫情
——湖北省武汉市青和居社区

武汉市青和居社区是华中地区最大的公租房社区之一，辖区共有15个网格19栋居民楼，居民5235户8230人，社区党员123人、社区老年人多、残疾人多、低收入多，困难群体相对比较集中，管理难度相对较大。2018年4月26日，习近平总书记曾视察青和居社区，对青和居社区党建引领红色物业和"天天敲门十八法"等工作给予充分肯定。

疫情暴发以来，青和居社区充分运用党组织领导下的基层社会治理经验做法，全体社区工作者74天吃住在社区，带领61名社区居民志愿者，成立15支群众工作队，为居民提供买菜购药代办等精准化服务，真情守护社区居民的平安健康，将党和政府的关爱送到居民家中、送到居民心中，打赢了社区防控这场艰苦卓绝的人民战争，取得了疫情防控的阶段性成果。疫情期间社区共收到居民群众送来的56面锦旗，满载了人民群众对党和政府浓浓的感恩之情。

（四十二）常态化疫情防控"5337"工作法

疫情就是命令，防控就是责任。自新冠肺炎疫情暴发以来，社区深入贯彻"坚定信心、同舟共济、科学防治、精准施策"的疫情防控总要求,坚持"一盘棋"思想,严格落实属地管理责任,通过"5337"工作法打好社区防控组合拳,持续扎牢防控"篱笆",推动形成了以街道社区党组织为中心、网格化管理为支撑、社会各界积极响应的常态化疫情防控有力局面,坚决筑起了打赢疫情防控阻击战的"铜墙铁壁"。

建立"五级防控体系",凝聚联防联控战斗力。建立以社区党组织书记、网格长、网格员、业委会成员、党员楼栋长五级包保、五级抓防控的责任体系。制定社区疫情防控工作方案、应急预案等,建立卫生防疫、信息报送、人员管理等制度,实行疫情防控日协商、日调度、日报告、零报告等制度,每天定时向街道包保领导报告疫情防控工作情况;建立外来人员信息排查台账、重点人员居家隔离管控台账、疫苗接种台账等,真正做到了方向准、信息清、情况明。

组建"三支红色队伍",织密疫情防控排查网。成立"红网格"排查队。按照"在职党员+网格员"的模式,成立"红网格"排查队,持续开展"敲门行动",对社区所有住户进行地毯式摸排,并阶段性地实施"两员"交叉互换的排查措施,确保精准排查。成立"红袖标"巡逻队。发动居民志愿者、社会组织志愿者戴上红袖标,配合"红网格"排查队走街串巷,重点排查外来车辆,并提醒居民群众佩戴口罩出行,做好自我防护。成立"红马甲"封控队。疫情初期,社区组建封控队,对各小区实行封闭式管控,全面排查并登记外来人员信息,严防外来输入风险。

打造"三个服务链条",提升应急管控服务力。打造居家隔离服务链。针对需要居家隔离管控的人员,社区从"接、管、服"三个方向进行谋划,每个网格由专人与街道、县疫情防控转运组进行闭环对接，实行"网格员+民警+医务人员+心理疏导员"实时对接，在生活上、精神上实现联动服务、高效服务，确保隔离人员零接触、零外出，始终做到"隔离不隔情，隔疫不隔爱"。打造疫情突发服务链。科学制定全员核酸检测应急预案、物资配送应急预案，制作详细的检测和配送流程图，定人、定岗、定职责。打造防护消杀服务链。与上级疫情防控指挥部专人对接，统筹协调防护物资，全力保障社区一线工作人员防护需求。

抓实"七种类型宣传"，提升疫情防控引导力。张贴宣传。在各楼栋单元、商户张贴《致居民的一封信》、联防联控倡议书、排查公告等。资料宣传。向群众发放预防手册等。展示宣传。在小区出入口设置疫情防控温馨提示牌，并在醒目位置悬挂宣传条幅，社区电子显示屏不间断播放防疫常识。流动宣传。防疫宣传车、流动小喇叭每天四小时不间断到各小区进行宣传。入户宣传。社区工作者、志愿者走街入户一对一、点对点进行"土味"宣传。网上宣传。小区微信群每天发布防疫最新政策、防疫常识、工作动态等，实现线上有效互动。媒体宣传。充分发挥媒体融合优势，通过微信公众号等，以多种形式介绍疫情防控动态及常识，持续加大宣传覆盖面，努力做到家喻户晓、人人皆知。

案例做法

打好社区疫情防控组合拳
——吉林省延边朝鲜族自治州九龙社区

九龙社区面积较大，小区众多，平房户分布复杂。

在疫情来临时全体社区工作者实行"5+2"工作制、联系电话24小时在线、工作任务第一时间下达，全力做到上下步调一致、部门协调联动，不折不扣地快速贯彻落实好上级各项决策部署，使九龙社区疫情防控各项工作井然有序、稳步推进。

社区把责任落实到个人，确保每个小区、卡口都有人负责，社区工作者悬挂条幅，张贴宣传单，联系门岗，卡口值班人员对出入人员进行登记，给各个小区发放音响宣传音频，全天不间断向居民播放防护知识，并向楼道喷洒消毒液，出入人员测量体温。

截至2021年8月，社区累计排查8万余人次，排查县域外来（返）九龙社区人员3000余人，排查外来车辆信息1500余条，为居家隔离人员300余人提供物资代购、垃圾收集等服务1200余次；将180余名志愿者全部分配到"点"上，建立志愿者微信群，将标有服务点位的流程图发到微信群，让所有的志愿者都知晓自己的服务地点和内容。同时，社区根据预案和流程图进行了多次演练，反复进行打磨，确保疫情突发时能够协同联动有序高效。

（四十三）"动态联防"工作法

作为第一道防线的社区，是有效落实防控的重中之重，社区防控与服务工作坚定不移地遵循"外防输入、内防反弹"的总体防控策略，形成了"动态联防"工作法。

"挂图作战"，做到一目了然。针对防控工作涉及的防控对象身份属性多、动态变化大、管控任务重等特点，社区将重点防控对象以及密接者在社区网格工作图上进行标记，每天更新并及时分发至每位工作人员手中，让一线工作人员对责任网格居住的防控对象所处重点区域一目了然、及时掌握。社区保洁人员在做好消杀工作基础上，对重点区域楼层多做一次消杀工作，让居民的家门口多加了一把"安全锁"。

动态管理，做到实时掌控。建立了"五分钟工作例会"机制，坚持每个半天召开五分钟通气会，将过去半天有关疫情动态、防控要求第一时间在社区防控工作组进行通气，总结经验和不足，研究解决突出问题。针对居家隔离人员剧增情况，社区采用"梳篦子"的动态管理工作模式，建立起"社区流动岗＋小区门岗＋楼栋哨"的报备、登记、监管方式，对社区持续开展全覆盖地毯式排查，反复"篦"出重点人员，做到居民排查"一家不落、一人不漏"，防控数据真实准确、实时掌握。

联防联控，做到群策群力。立足小区实际，汇聚物业服务企业、党员志愿者、业主居民等社区各方抗击疫情的力量，是做好社区防控工作的关键。社区在教育引导各个小区物业服务企业严格履行封闭管理职责的前提下，充分发挥党员楼栋长、党员志愿者的引领作用，通过实行"一楼一天""志愿报名"的形式，配合监督小区物业，从门岗的24小时体温监测、出入证发放核验，到返家人员信息登记、隔离对象的生活物品采购等工作，大大地弥补了社区一线工作力量的不足，也真正让社区党员做到"一人影响一楼人"。

案例做法

挂图作战　动态管理　联防联控
——福建省厦门市芸溪社区

芸溪社区有居民3650余户、1.4万人，其中流动居民有630余户、2600余人，社区防控压力较大。对此，芸溪社区结合实际，探索"挂图作战、动态管理、联防联控"工作模式，有效助力社区防控工作。

社区通过"过筛子＋梳篦子"工作方式，做到突出重点和地毯排查相结合，全面实时掌控社区疫情情况。对社区全体居民进行细致筛查，同时结合上级部门反馈的大数据，又在原有基础上过滤了交通、教育、公安、社保、通信等上万条数据，在黄金时间48小时内实现重点对象防控。

社区有240名楼长、700余名党员（居民）志愿者积极参与到疫情防控工作中来，使社区居民的"大我"意识得到了强化，从"有人为我守小区"的依赖意识逐步转变成"我们一起守小区"的责任意识，居民参与社区治理的意识更加强烈了。

（四十四）"十字防控"工作法

社区是疫情联防联控的第一线，也是外防输入、内防反弹最有效的防线。一些社区创新提出"十字防控法",抓实抓细疫情防控,积极动员群众、组织群众,持续细化摸排工作,精准排查外来返乡人员,确保不漏一户、不漏一人,使摸排工作规范、精准、高效的同时,加大疫情防控相关政策和知识的宣传,引导群众最大限度减少流动,加强自我防护,积极配合政府做好各项防控工作,确保居民身体健康和生命安全。

一"统",即统筹发动各类人员参与疫情防控。社区党组织积极发挥政治引领作用,组建由党组织书记、普通党员、居民小组长、网格员、热心群众组成的8支志愿者服务队,从党员示范到群防群控,构筑起疫情防控的人民防线。

二"摸",即对社区内的小区、商铺、酒店进行全面摸排登记。社区对所辖居民小区广泛开展网格化、地毯式入户全覆盖排查,分类建立入户排查人员登记表台账,对家中无人的住户采取张贴排查告知书和电话回访的方式进行登记。

三"宣",即大力开展疫情防控宣传。采取社区工作人员入小区、入商铺、入重点场所发放宣传资料、张贴标语、口头宣传、循环播放广播等多种方式开展防疫宣传,做到家喻户晓、人人皆知、人人有责、人人防控。

四"消",即对公共场所进行消杀。社区利用消毒喷洒设备对所辖的小区、重点区域、背街小巷、楼栋走廊、电梯等场所进行定时消毒,最大限度地杀灭病毒。

五"清",即大力开展爱国卫生运动。将入户排查与卫生"死角"排查同步推进,清理老旧小区、背街小巷的垃圾,处理无遮盖的污水沟;在社区设置废弃口罩投放回收点,避免二次污染。

六"封",即分类封闭管理居民小区。对封闭式小区实施全封闭管理，登记进出人员、车辆信息，外来人员一律禁止进入；对半封闭式小区、开放式小区做到定人、定责、定时，由网格员在小区内开展巡防排查，实时监控重点区域、重点人员动态。

七"阻"，即劝阻外来人员进入小区和聚集行为。严格小区出入管理，协助物业劝阻外来人员、车辆进入小区；主动与驻区单位对接，劝导暂停举行集体活动，避免人员聚集引发交叉感染。

八"访"，即对外籍人员进行回访。在全面摸排的基础上，社区重点对外籍人员进行定期电话回访，询问家庭人员外出情况和身体状况。

九"帮"，即对居家观察和特殊群体做好帮扶。联合卫生服务中心（站）、片区民警对居家观察的重点人员进行监测回访，由医务人员密切关注其身体状况；为行动不方便的居民购买日常生活用品；向驻区单位赠送消毒水。

十"护"，即做好自身防护和防护物资管理。多方筹集防护口罩，加强防疫一线工作人员的自身防护常识普及；加强防护物资管理，使有限物资能够有的放矢发挥作用。

案例做法

"十字防控"工作法抓实抓细疫情防控
——云南省文山壮族苗族自治州梁子社区

梁子社区充分运用"十字防控"工作法抓实抓细疫情防控，为社区居民筑起了一道坚固"防护墙"。

社区党委积极发挥党组织引领作用，整合物业服务企业、业主委员会、居民代表、志愿者、楼栋长、社会组织等多方力量群策群力，做好健康宣传、摸排监控、隔离保障等全方位工作。

截至2021年8月，社区共发放疫情防控宣传资料2705张，口头宣传告知1764余次。

在全面摸排的基础上，对重点人员进行定期电话回访，详细询问家庭成员外出情况和身体状况，并做好登记，第一时间掌握他们的健康状态，真正做到了阵地前移、深入群众。

社区每日投入10人、配备5套消毒喷洒设备，对所辖的区域进行消毒。清理背街小巷垃圾2.8吨，处理无遮盖的污水沟1条；在社区设置18个废弃口罩投放回收点，避免二次污染。对18个半封闭式小区、11个开放式小区做到定人、定责、定时，由网格员在小区内开展巡防排查，实时监控重点区域、重点人员动态。

第五部分
平安法治

【政策背景】

党的十八届四中全会提出了建设法治国家、法治政府、法治社会的目标。全面落实依法治国方略，加强法治建设有助于增强社区的自治功能，形成政府、社会与广大居民群众共同维护社会秩序的良性互动局面，推进社区治理的现代化进程。

伴随着城市社会结构加速转型，城市基层治理的难度进一步加大，城市基层治理组织体系不能适应社会迅速发展的需求。同时，法治型、服务型基层政府建设任重道远，社区居民对基层治理的参与热情及参与程度不高。

当前，社区治理迫切需要注入法治化动能，依法协调基层矛盾纠纷，密切干群关系，以法治精神与文化疏导群众情绪，为破解社区治理难题提供法治保障。

2017年，中共中央、国务院印发的《关于加强和完善城乡社区治理的意见》提出，推进法治社区建设，发挥警官、法官、检察官、律师、公证员、基层法律服务工作者作用，深入开展法治宣传教育和法律进社区活动,推进覆盖城乡居民的公共法律服务体系建设。提升社区矛盾预防化解能力。完善利益表达机制,建立党代会代表、人大代表、政协委员联系社区制度,完善党员干部直接联系群众制度,引导群众理性合法表达利益诉求。完善心理疏导机制,依托社会工作服务机构等专业社会组织,加强对城乡社区社会救助对象、建档立卡贫困人口、困境儿童、精神障碍患者、社区服刑人员、刑满释放人员和留守儿童、妇女、老人等群体的人文关怀、精神慰藉和心理健康服务,重点加强老少边穷地区农村社区相关机制建设。完善矛盾纠纷调处机制,健全城乡社区人民调解组织网络,引导人民调解员、基层法律服务工作者、农村土地承包仲裁员、社会工作者、心理咨询师等专业队伍,在物业纠纷、农村土地承包经营纠纷、家事纠纷、邻里纠纷调解和信访化解等领域发挥积极作用。推进平安社区建设,依托社区综治中心,拓展网格化服务管理,加强城乡社区治安防控网建设,深化城乡社区警务战略,全面提高社区治安综合治理水平,防范打击黑恶势力扰乱基层治理。

2021年,中共中央、国务院印发的《关于加强基层治理体系和治理能力现代化建设的意见》提出:"推进基层治理法治建设。提升基层党员、干部法治素养,引导群众积极参与、依法支持和配合基层治理。完善基层公共法律服务体系,加强和规范村(居)法律顾问工作。乡镇(街道)指导村(社区)依法制定村规民约、居民公约,健全备案和履行机制,确保符合法律法规和公序良俗。"

【实践探索】

一、如何做好社区调解工作

随着社会转型期各类纠纷日益增多并发生新的变化，充分发挥社区调解功能，将矛盾化解在基层、消除在萌芽状态，对促进国家治理体系和治理能力现代化具有现实意义。相较其他解纷方式，社区调解突出对常规性纠纷在自愿协商基础上，于社会基础层面及时、就地解决，成本支出少，易为公众接受；运作中与区域文化契合，在充分尊重纠纷当事方前提下，提高其对结果的接受度，防止常规性社会纠纷向"恶性"转化。实践中，各地社区探索形成了"和面团"、社区调解、化解矛盾"五五"、"三访三事三色"、"一线五到三服务"等工作法。

（四十五）"和面团"工作法

"和面团"本意是指在面粉中掺入水及其他配料，通过反复搅拌、揉和使松散的面粉成为一个完整的整体，这里具体是指社区在调解家庭和邻里纠纷等矛盾时所采用的一种工作方法。家庭矛盾往往没有真正的是非曲直或绝对的孰对孰错，因此，刚性制度、法理干预的效果往往是有限的，需要社区工作者通过"加水""揉和"等手段来回"和"，即依托工作经验、智慧、技巧及个人魅力对矛盾双方进行耐心斡旋与劝说，使矛盾双方达到和解的状态。

在站位上，以帮助其和好为出发点，让双方当事人相信你是善意的，取得他们的信任。调解成功的前提首先是耐心倾听，拉近与当事人的距离。因此，社区调解应注重倾听当事双方诉求的表达，了解情况。同时，家庭纠纷的隐秘性使社区工作者需要取得当事人的信任，让当事人认为社区工作者是以关心和爱护他们为出发点的，只有在信任的基础上才能产生合作。

在角度上，社区工作者在处理矛盾纠纷时需要换位思考，转换话语，晓之以理，动之以情。有时需要站在当事人的立场适当转化对方的话语，把它变成委婉的语言或是适当转换成具有鼓励肯定性质的语言，以安抚当事人的情绪。

在办法上，循循善诱地经过情感交流，引发当事人的心理共鸣，从而增强信任意识，在此基础上再运用说服、疏导等方法摆事实、讲道理，以理服人，减少双方摩擦，达致情理相通的目的。

案例做法

真诚调解情与理
——吉林省长春市长山花园社区

长山花园社区是一个典型的单位社区，很多家庭矛盾和邻里纠纷呈现出外显化特征，社区内一直存在着企业改制和转型所带来的遗留问题。

某位社区女居民是抱养的，她的养父还有一个亲儿子，是她的弟弟。平日养父跟这位女居民住在一起，弟弟两三个月才给老人一点钱，这位女居民认为弟弟应该多承担赡养老人的责任，经常向周遭人埋怨弟弟做得不好，因此姐弟二人关系十分紧张。

社区了解情况后，主动调解这对姐弟的关系。首先找来弟弟对他说："有人还跟我夸你呢，说你给你爸钱，给得特别及时。"弟弟说："是不是我姐又去你那说我什么坏话了？她还能夸我？"社区工作人员说："她在我面前是经常夸你的，说你总想报恩父亲，及时给你爸钱。而且你爸说想你了，让你没事的时候去看看他。老人家看一眼少一眼，这么做以后你问心无愧！"听了社区工作人员的话，弟弟不好意思地点了点头。而另一边，社区又主动联系了这位女居民，并对她说："你别总说你弟弟不好，你越说他不好，人家不就越不好了吗？你要是让人家听到了什么事，影响多不好，为什么非得说呢？"这位女居民也真心地接受了社区的意见，姐弟二人关系开始有所缓和。后来，社区又以弟弟的孩子结婚为契机，劝说这位女居民去帮忙，使他们的关系进一步密切起来。通过社区在姐弟间反复"和面团"，两人终于尽释前嫌、重续亲情。

（四十六）社区调解工作法

当前基层社会矛盾纠纷呈多样化、复杂化趋势。社区工作者作为基层治理和基层建设的骨干力量，既要博学多才，又要"能文能武"。因此，社区工作者在日常工作中要加强对人民调解的法律知识储备和专业技能提升，不断提高处理化解矛盾的能力和水平。概括起来就是"三个三"：

"三懂一会"，发挥基层调解员工作职能。为了使人民调解工作更加规范，社区工作人员坚持做到"三懂一会"，即懂政治、懂法律、懂政策，会做思想工作。加强政治理论学习，学懂弄通做实习近平新时代中国特色社会主义思想。利用闲暇时间学习法律、心理学、社会科学等知识。紧紧围绕解决实际问题，坚持每周一例会后开办"早课堂"，集中学习一小时，依托社区公众号和微信群定期推送有关人民调解的法律知识。

"三心一问"，筑牢基层调解第一道防线。社区工作人员始终坚持"三心一问"，即耐心、公心、爱心，一句深情的问候。无论来访者的心情多么激动，都会把矛盾消除在萌芽阶段，筑牢人民调解的第一道防线。坚持"一日两巡五访五问"，即每日早、晚两次必巡；对新迁入家庭、重大变故家庭、上访群众家庭、新近失业居民、生病住院居民五类群体必访；向困难居民、独居老人、失业人员、退休人员和矫正人员询问生活工作情况。

"三配一快"，谱写基层调解新篇章。在组织建设上，努力构建"三配一快"，即配强"大调解"工作领导、配实调解网格员、配齐调解中心工作人员，快速结案。吸纳司法所、派出所、律师事务所等部门组成领导小组，依托"1+2+X"三级网格和社区法律服务站，将民警和律师充实到网格中。按照"谁主管谁负责"的原则，开展走访入户，排查摸底，坚持做到早发现、早介入、早控制。结合社区实际，组建以社区和驻区单位为基础的社会治安防控网络，把调解工作目标和工作任务层层分解，从接案、办案到结案每一处衔接有序，有效提升了案件的办理效率。

案例做法

"三个三"调出零上访
——吉林省延边朝鲜族自治州丹英社区

丹英社区具有老房子多、老龄人口多、低收入家庭多、流动人口多、物业服务管理小区少的"四多一少"的特点，并且因老城区功能弱化、设施老化造成历史遗留问题多、矛盾纠纷集中等问题凸显。

社区通过实行"三个三"工作法，有力破解了以往沟通难等难题，累计为各民族70多名留守儿童、空巢老人牵线"代理家人"。某年春节，300多户居民家因暖气管道老化破损而停气。为尽快修复管道，社区积极协调有关维修单位，仅用一天的时间全部抢修完毕，保障了百姓的正常生活。经过近9年坚持不懈的努力，为民防公寓102户居民解决房照问题，让居民多年来压在心里的石头终于落了地。

19年来，丹英社区累计撰写调解笔记100多本，化解各类矛盾纠纷9000余件，筑牢了维护社会和谐稳定的第一道防线。

（四十七）化解矛盾"五五"工作法

为解决基层党组织建设不规范、居民参与渠道不通畅、社区服务供给不精准等问题，更好地为民服务，社区通过不断探索实践，搭平台、聚人心、解矛盾，科学总结提炼出具有鲜明特色的新时代群众工作方法——"五五"工作法，充分发挥基层党组织的引领带动作用，让党员扎根基层倾听民意、解决诉求，有效提高社区服务供给能力、强化社区文化引领能力，增强社区居民的凝聚力和归属感，大大提升了社区居民的幸福指数。

"五个标准"促党建。认真落实"组织建设标准化、党员管理标准化、治理结构标准化、服务群众标准化、工作职责标准化"的要求，着力加强社区党建工作，完善党建工作制度及相关资料台账，规范党群服务中心外部标识、各功能区域标识牌，社区工作者统一服装、统一佩戴胸牌。健全党员日常教育管理长效机制。加强各党支部规范化建设，落实工作职责，有效解决各党支部建设不规范、支部书记管理不严、党员教育抓得不紧等问题。

"五个民事"惠民生。具体包括听民诉、化民忧、纾民怨、征民意、促民知。"听民诉"就是严格执行代表委员社区履职电子签到制度，实现"两代表一委员"在社区履职"月度接访常规化、参与社区活动自觉化、走访居民主动化"。"化民忧"即充分发挥社区人民调解委员会贴近居民、联系居民、服务居民的优势，不断创新人民调解工作的新路子。"纾民怨"是通过召开专题议政会，做好群众安抚工作和政策法规的宣传解读工作，有效推动解决群众反映的热点、难点问题。"征民意"是开展"民生微实事"项目征集活动，内容涉及无物管小区管理、小区污水管道改造、社区应急救护能力提升等。"促民知"是充分利用社区宣传栏、电子屏、"民意通"微信公众号，让居民通过手机就可以反映诉求、了解公共服务、为政府献计献策等。

"五项活动"树品牌。具体包括开展"邻里互助文化节"、"四点半课堂"、居家养助试点服务、"魔力学堂"、"幸福港湾"五项活动。

"五进社区"亮风采。扎实开展县(市、区)委委员、党代表、机关在职党员、党员志愿者、党群工作者"五进社区"活动,开展党代表接待周、百名代表走千家、县(市、区)党代表进社区、党员志愿者活动、"文明使者"志愿服务行动暨机关在职党员进社区亮风采系列活动等,号召党员在各自岗位上发挥党员本色,为社区治理作贡献。

"五项工作"创和谐。具体包括建强社区党群服务中心、建立社区居民议事会、开展社区公益志愿服务项目、推行楼(栋)长责任制、实施"民生微实事"项目。

案例做法

搭平台　聚人心　化矛盾
——广东省深圳市沙头角社区

近年来,沙头角社区以党建为龙头,以服务居民为目标,通过"五五"工作法,搭平台、聚人心、化矛盾,切实提升了社区居民的获得感、幸福感、安全感。

社区配备楼(栋)长126人,实现楼(栋)长全覆盖,通过"百姓点菜,政府买单"的方式,共投入资金704万元,组织实施75个"民生微实事"项目。例如地铁8号线施工,沿街商户就地铁施工围挡影响客流量提出补偿诉求,社区及时做好商户的安抚工作,组织召开专题议政会，邀请区相关职能部门与商户面对面，做好政策法规的宣传解读工作，听取商户代表对补偿方案的意见建议，及时回应解决商户代表的诉求。

（四十八）"三访三事三色"工作法

"三访三事三色"工作法是社区调解工作的重要实践。该工作法推行"网格化管理、组团式服务"，对群众诉求采取"三访问民、三事分责、三色预警"的方式，明确责任、整合力量、督促办理，闭环落实，积极探索在基层党组织领导下的基层治理新模式。

"三访"听民声。一是"网格化"走访。社区党组织牵头网格党支部、楼栋党小组落细网格管理和服务，推动网格人员上街、进楼、入户，全面听民声问民需。二是"智慧化"受访。借力"互联网+督查""智慧社区"等平台载体，广泛收集居民需求、提出意见、反映问题，切实为群众办好事，让群众好办事。三是"亲民化"接访。协调开展好"社区工作日""人大代表接访""政协委员双走进"活动，组织在职党员干部分期分批深入一线志愿服务，倾听群众呼声，了解民心民愿。

"三事"明责任。一是党政合办"公家事"。对群众反映的属于政府管理事项和公共服务事项的，及时转交有关党委和政府部门，依据职能职责办理。二是共驻共办"大家事"。属社区公共事项和公益志愿服务的，通过党建联席会、事务协商委员会、各类商会，整合驻区社会单位、社会组织及志愿服务队伍的力量和资源，共商共议推动解决。三是热心协办"自家事"。属居民个人事务和市场化服务事项的，由党组织主动协调，积极牵线搭桥引入中介组织提供优质服务，帮助居民群众解决问题。

"三色"强预警。一是"红色"挂号办。将"公家事"标识为"红色"，采取挂单销号方式，积极协调相关责任主体部门第一时间办理。二是"橙色"紧盯办。将"大家事"标识为"橙色"，社区党建联席会、事务协商委员会等及时召开"碰头会"，通过共建共治工作机制，整合资源协调办理。三是"黄色"积极办。将"自家事"标识为"黄色"，楼栋党小组搭建平台，组织网格"1+N"服务力量协商解决问题；整合在职党员和志愿者有针对性地开展公共服务；推介社会组织提供优质低偿服务，多措并举解决群众诉求。

案例做法

听民意解民忧
——重庆市金银湾社区

近年来，金银湾社区深入贯彻习近平新时代中国特色社会主义思想，坚持党建引领，紧扣居民需求，探索创新"三访问民、三事分责、三色预警"的工作模式，在推动社区共建共治共享上取得一定成效。

将社区划分成五个网格，在每个网格建立党支部，由社区"两委"成员兼任支部书记和网格长，统筹率领市政管理员、治安巡逻员、社会保障员等网格员，分组进家入户听民声问民需。

2018年9月，社区内某楼盘为修公路，在原有基础上增高了地基，只要一下雨就会造成水往下流，直接流进某小区形成水坑，造成小区居民出行不便，存在较大安全隐患。社区确认此为"大家事"范畴，立即通知派出所，由派出所民警与社区综治委员向居民群众代表了解相关情况。当天晚上，社区工作人员联系小区业主代表、某楼盘负责人、九龙坡分局民警共同协商。后经多方共同参与，最终形成由开发商恢复路面原样的协议。

（四十九）"一线五到三服务"工作法

随着经济社会发展和城市建设力度的加大，居民群众的需求矛盾出现了一些新情况和新变化，在以往邻里纠纷和家庭矛盾纠纷的基础上呈现出新特点。面对新情况，社区党组织把做好党建工作作为切入点和着力点，在实际工作中积极探索出"一线五到三服务"工作法，即党员服务在一线，把复杂情况摸到、把承诺事项办到、把群众工作做到、把焦点问题想到、把政策规定用到，服务企业、服务商户、服务居民，零距离解决社区群众关切的热点、疑点、难点问题。

搭建"一线服务站"，做群众贴心人。社区党群服务中心设立代（领）办服务岗，依托社区网格设立"一线服务站"。落实电话预约、上门代（领）办制度，依法依规满足社区内特殊群体服务需求。同时，动员离退休党员、在职党员等组建"一线服务站"义务服务队，开展服务需求"代办"、矛盾纠纷"代解"、政策宣讲"代言"等面对面一线服务，为党员服务联系群众搭建了有效载体。

坚持"五到"，做群众知心人。一是把复杂情况摸到。针对社区治理点多面广、情况复杂等特点，以网格化服务为基础，实事求是了解群众所需所求和复杂问题实际成因，有效解决群众反映的问题。二是把承诺事项办到。积极调动社区党员积极性，对接驻区单位党组织，整合社会资源，将承诺事项做细做实。三是把群众工作做到。在开展老旧小区改造的过程中，积极发动党员群众共同参与，激发居民参与改造的积极性。四是把焦点问题想到。通过叙旧、拉家常等方式耐心细致了解群众急难愁盼问题，化解群众的闹心事。五是把政策规定用到。依托社区内各网格党支部，有效宣传党和政府相关政策，征集、认领并分类分级细化办实事项目，用足用好各类帮扶政策。

细化"三服务"，做群众的"暖心人"。搭建党员联系群众服务平台，将服务单位、服务商户、服务群众"三服务"举措融入社区治理中，突破发展瓶颈，进一步提高单位、商户和群众的满意度，为社区发展增添动力。

案例做法

走访到位　服务到位
——青海省西宁市新海桥社区

针对小区业主长期占用公共绿地堆放杂物引发邻里关系紧张的问题，新海桥社区协同物业服务企业走访了解群众实际困难，通过劝说物业服务企业腾出半间房屋用于存放业主物品，彻底解决该问题。针对街道铺面服务网点与小区共用上下水管网，铺面商户与邻里关系紧张问题，社区积极协调自来水公司为158户居民更换了智能水表，切实化解商户和群众的烦心事。在5个老旧楼院改造中，社区招募社区志愿者、在职党员、热心居民组成"红钥匙"党员群众先锋队，及时入户走访摸清情况，了解群众所思所想所虑，并通过现场召开居民议事会等形式解答群众的疑虑。"红钥匙"党员群众先锋队打开了老旧小区治理的"老锁芯"。社区依托"爱老幸福食堂"为行动不便的老人和残疾人开展送餐服务，并为社区20户孤寡老人、残疾人提供爱心早餐，满足老人个性化用餐需求，解决了子女后顾之忧。社区联合国家电网"三江源"党员服务队、小桥街道市民中心关怀慰问社区困难居民，将米和油送到群众手中；将党和政府的优惠政策送到创业就业大学生身边，将崭新棉服、救助资金送到困难家庭。

在新冠肺炎疫情后全面复工复产时，针对海西西路小商户缺少必备防护物资的问题，社区积极发动各方力量寻找购置渠道，并将前期爱心企业捐赠给社区的防护物资进行合理调剂、派送到位，解决小企业和门店的实际困难，有效推进驻区企业、门店复工复产。

二、如何建设平安和谐的社区家园

习近平总书记指出，平安是老百姓解决温饱后的第一需求，是极重要的民生，也是最基本的发展环境。重点人群服务管理、重点行业安全监管、重点领域矛盾化解、重点区域治安整治等基层治理难题，都需要社区坚持预防与化解并行、服务与管理并进的原则，去努力加以改进和整治，创造平安和谐的幸福家园。近年来，各地社区积极探索形成了安居乐业"四字诀"、社区信用体系、创建平安社区"3345"等工作法。

（五十）安居乐业"四字诀"工作法

安居乐业"四字诀"工作法是建设平安和谐的社区家园的生动实践，主要适用于具有下岗失业人数多、困难居民多、残疾人多、基础设施差的"三多一差"社区。这类社区要以服务居民为中心，强化各项措施，念好"安居乐业"四字诀，"安"为重，创造安定和谐的治安环境；"居"为先，提供整洁宜居的居住环境；"乐"为主，创设积极向上的生活氛围；"业"为实，提供多方覆盖的保障服务，着力提升社区居民的"幸福指数"，打造"幸福社区"。

聚焦社区居民之"安"，提供安定和谐的治安环境。社区以平安促和谐，按照"打防并举、标本兼治、重在治本"的原则，大力加强社区治安防范工作，建立社区法务室，集普法、法律服务两项功能于一体。开通全天候服务电话，将法律服务卡发放到每户居民家中；社区法务室与街道综治办、派出所、司法所以及社区消防大队共同建立法务联动网络机制，引导居民以理性合法的方式表达利益诉求。

聚焦社区居民之"居"，提供和谐宜居的居住环境。社区组织老旧小区居民推选居民代表、志愿者，成立小区改造监委会或业委会，居民全面参与小区改造的质量监督、验收工作。改造完成后，业委会积极参与物业管理等事务，做到精细化维护，完善后续长效管理体系，真正实现"自治共管"的新局面。

聚焦社区居民之"乐"，提供丰富健康的文化生活。积极组织文化活动，丰富居民生活。社区结合学雷锋纪念日、端午节、邻里节、中秋节、国庆节等节日举办大型宣教活动，发放有关党的全国代表大会、雷锋精神、民族团结等内容的宣传册及问卷，因势利导，寓教于乐。开展暖心工程，关爱老年人。社区设立"寿星生日屋""寿星老人百笑墙"，每逢老人生日，社区工作者为他们送去生日蛋糕、鲜花共同庆祝，让他们感受社区大家庭的温暖。

聚焦社区居民之"业"，提供多方覆盖的就业服务和生活保障。在开展社区治理工作中，有两个群体得到了社区的特别关注，即特困人员和下岗失业人员。社区安排特困"三无"人员住进养老院、敬老院，不定期对他们进行走访和慰问，掌握这些居民的生活现状和精神状况；积极联系社会各界爱心企业以及爱心人士与社区内的残疾孤儿、贫困儿童结对帮扶。

案例做法

念好"四字诀" 居民安有居、乐有业
——内蒙古自治区呼和浩特市清泉街社区

清泉街社区是玉泉区老旧城区改造后的一个新建社区，面积0.36平方公里，现有居民2800余户，近9000人。社区建立法务室；开通全天候服务电话，将法律服务卡发放到每户居民家中，完成了"法律服务家家通工程"；建立了法务联动网络机制，引导居民理性表达利益诉求，有效地降低了民事和刑事案件的发案率，增强了社区居民的安全感。

社区围绕"我为群众办实事"，以党建为引领，打造了社区老年日间照料中心，为社区的老年人提供

全方位的生理、心理关爱服务，努力提高老年人的生活质量。中心包括休息室、图书室、活动室、医务室四个部分，提供日间休息、文体娱乐、体检保健、心理咨询等项目，有效缓解了社区空巢老人无人照料的情况，丰富了老年人的精神文化生活，使老年人安度晚年。

针对下岗失业人员就业难的问题，社区一方面开展"送政策、送信息、送技能、送岗位、送服务、送温暖"的活动；另一方面打造"困难职工帮扶中心"，进一步加大对困难职工的帮扶力度。同时，积极与蒙牛、伊利、红太阳实业有限公司等用人单位联系，大力推荐下岗失业人员再就业。社区还建设了"妇女儿童之家"，向妇女群众宣传介绍有关促进创业就业的扶持措施、优惠政策，提供发布致富增收信息、创业项目推介等服务，为妇女就业创业提供帮助。

（五十一）社区信用体系工作法

社区信用体系工作法主旨是让居民讲诚信、让社区有温度，核心要义可以概括为"1234"。

"1"，就是构建一套科学完备的社区信用制度体系。

"2"，就是搭建两大信用平台。一是信用大数据平台，二是信用宣教平台，每年评选"诚信示范户"，每月发布"诚信红黑榜"，宣传诚信模范事迹，长期开展诚信主题宣教。

"3"，就是抓好三支信用队伍建设。第一支是信息采集队伍，由网格长、协管员、楼长、楼道长构成，每天在网格巡查，为居民提供"门到门""点到点"的上门服务，逐户采集信用信息，尽最大可能做到应采尽采，不断扩大信用覆盖面。第二支是信用行为评价队伍，组建以老党员、老模范和优秀党员、优秀志愿者为主体的评价队伍，每月月底召开信用议事会，对居民上报的信用信息集体研究评议，评议结果每月公示，居民无异议后录入县（市、区）级信用管理平台。第三支是信用建设引导队伍，长期开展诚信讲堂等主题教育，营造人人参与信用社区建设的良好氛围。

"4"，就是落实信用四则运算应用。实施"信用有加、信用能减、信用可除、信用倍乘"四则运算应用，做到信用结果有兑现、修正负面有空间。"信用有加"，就是将社区信用管理融入社区党建工作、志愿服务、社区治理、居民自治中，利用信用这个抓手，促进社区居民积极参与社区建设。"信用能减"，就是将居民个人信用情况与选举、职称评聘、个人贷款等挂钩，凡个人信用等级不达标者取消评先选优资格。"信用可除"，就是个人信用的影响不是一成不变的，个人信用有了不良记录可以通过积极参加志愿服务活动等，申请信用加分，消除负面影响。"信用倍乘"，就是通过楼道张贴、宣传栏公示、向工作单位通报发函、党员加分、发表扬信、媒体宣传等形式扩大信用影响力，最终达到倍乘效果。

案例做法

营造诚信向上社区环境
——山东省荣成市曙光社区

曙光社区于2010年成立，面积6.4平方公里，有住宅楼328栋，常住居民5000多户、1.2万多人。过去，居民在公共绿地私自种植、车辆乱停乱放、宠物扰民等现象普遍，不仅破坏公共环境，而且影响邻里关系，社区内的民生诉求和矛盾纠纷居高不下。从2017年下半年起，通过运用"信用体系"工作法，社区开始发生转变，4800多棵私占绿地的无花果树被清理；1800多个车位全部改造完成。与此同时，助残扶老、慈善公益等志愿服务活动越来越多，邻里纠纷越来越少，社区居民的凝聚力越来越强。

同时，社区出台了《社区居民暨在职党员信用管理实施办法》等，建立起科学完备的社区信用制度体系，形成了《社区征信管理手册》，把信用融入社区治理的方方面面。在征信对象上，实施党群双轨并行，将18岁以上居民（含外来人口）分为普通群众和在职党员，并行实施差异化的信用管理。在征信内容上，突出社区治理主题。通过信用加、减分来引导居民自觉遵守社区公约，积极参与文明公益行为，大力支持居委会工作。在征信实施上，还权于民引导自治。让居民成为信用建设的决策主体、执行主体、监督主体，培育居民的主人翁意识，引导居民参与社区治理。

社区开发了曙光信用大数据平台，专门编制了《信用信息征集目录》，以个人身份为主要识别码，为18岁以上居民设立社区信用档案，通过真实记录居民信用行为、动态量化居民信用等级，增强信用约束力。平台累计录入居民信用信息2万余条，提供居民信用查询服务3000多人次。

（五十二）创建平安社区"3345"工作法

创建平安社区"3345"工作法是建设平安和谐的社区家园实践做法，具体包括以下内容。

夯实"3+3"举措，创建平安社区。一是坚持创新引领，"网格化+三清"固基础。将社区划分为若干个网格并配齐网格员和网格长。采取网格化管理和以房管人、以业管人、以人管人的方式，对出租屋进行挂牌管理，开展流入人口全员实名制信息采集和流出人口每月联系。建立"一户一档"就业信息档案，实行定期更新、动态管理。社区民警对宾馆、旅店每月开展一次以上清理排查并向社区通报情况。二是坚持源头治理，"部门联动+三强"抓预防。健全完善"社区吹哨、部门报到"机制。将综治平安建设写入居民公约，采取线上线下联动宣传，推进平安建设工作进网格、进小区、进家庭。组建党员、民兵、"五老"、志愿者等巡逻队，建立社区派出所信息联动机制。三是坚持管服并重，"管理制度+3个半点"强服务。建立社区"上午八点半学习培训"制度，组织社区"两委"成员、网格员、楼栋长、物业公司负责人等力量开展平安社区、社区服务等业务学习，协商社区每天重点工作。建立社区学校并配置相应设施，依托社区党员、志愿者等力量开设"四点半课堂"，解决小学生放学后无人照管的困难，通过"小手拉大手"的方式向家长开展道德法治、爱国主义和安全教育。以社区民警和"两委"成员轮班带队的方式，动员热心居民、"五老"代表、志愿者等力量加入巡逻队伍，对社区安全设施、小区环境等进行巡查，对形迹可疑人员进行询问。注重将平安社区创建与社区服务有机融合、同步推进。

采取"四个五"举措，共创和谐家园。一是"五联五共"抓党建。深化与驻区单位互助共建机制，共同打造"五联五共"党建新模式，推动"不忘初心、牢记使命"主题教育、党史学习教育等在社区深入开展。二是"五方力量"聚合力。在社区党支部的领导下，进一步完善"两委"成员、社区党员、网格员、志愿者、物业服务企业互联互动工作机制，依托社区综合信息平台优化信息共享、分析、处理、归档等工作流程，加强对社区可支配资源的整合和调配，尽最大力气满足居民需求。三是"五微一体"助创文。整合"大数据＋法制＋服务"信息平台，通过"微互动、微管理、微服务、微宣传、微防范"的"五微一体"方式，引导社区居民养成健康文明习惯，建立"创文微信群"。四是"五欣家园"提品质。以"五欣家园"（居住环境欣、家风家教欣、邻里关系欣、安居乐业欣、共享成果欣）示范点培育为契机，以党员干部示范带动、单位部门包保联动、街坊邻居评比互动等形式，努力激发居民创先争优精神。

案例做法

链接资源共促平安和谐
——贵州省六盘水市区府路社区

区府路社区积极配合有关部门开展联合清查行动，期间实现了刑事案件零发案。建立社区人力资源和社会保障大厅，采取一站受理、分流办理的模式为社区居民提供就业服务，年接待居民2万余人次。建立社区人力资源市场，为驻区企业和群众搭建招聘和求职平台，累计达成用工协议417人。将入户走访、寻贫访弱纳入网格员、社区"两委"成员工作台账，积极为社区居民对接公共服务、社会保障、社会救助等惠民政策，截至2021年8月，累计将45名符合条件的居民纳入社会救助范围，为930余名居民办理养老、医保等事项。

牵头建立社区座谈、院坝会议、物业商讨等议事协商平台，凝聚居民对社区建设的智慧，努力实现从"管"向"治"的转变。动员153名责任心强的居民参与治理服务，增强对不文明行为治理，形成了人人参与、人人有责的工作格局。截至2021年8月，27个小区院落共获评"文明家庭户"114户，培育"五欣家园"示范小区3个。

三、如何开展社区公共法律服务

近年来，许多社区通过加强与司法所、基层法院、基层检察院、驻区律师事务所和法律顾问的合作，将公共法律服务引入社区。有的社区通过发掘居民中的专业人士或者培养居民中的"法律明白人"参与社区法律咨询、纠纷调解等工作，在居民群众中逐步树立"遇事找法、凡事守法"的理念。在此基础上，各地社区探索形成了"法治超市""警社联盟"等工作法。

（五十三）"法治超市"工作法

如何为群众及时就近提供便捷、高效、优质、免费的法律服务，从源头预防和化解居民之间的矛盾纠纷，实现"小事不出网格、大事不出社区、矛盾不上交"，是摆在社区面前的迫切问题。社区结合实际情况探索形成"法治超市"工作法，在维护居民合法权益、依法及时就地化解社会矛盾方面起到了立竿见影的效果。

搭建平台，组建工作队伍。"法治超市"依托社区综治中心，将信访接待、矛盾调处、法治宣传、法律援助等工作纳入进来，因地制宜遴选超市"营业员"。分别是社区网格员、网络支部书记自认一批，政法干警联系社区选派一批，"律师进社区"机制采购一批，"警民联调"机制联系一批。

拓宽渠道，提供多样服务。社区"法治超市"采取预约和咨询相结合模式，开设实体和虚拟四个专柜，分别是法律服务专柜、信访接待专柜、个性化调解专柜、律师接待专柜。

完善方式，力求选购便捷。"法治超市"由社区综治专干负责日常工作，配置必要的办公设备。综合利用实体窗口、电话咨询和QQ、微信咨询等相结合的方式，打造点对点沟通咨询平台，方便群众根据实际需要自行选择服务事项及服务人员。

案例做法

法治浇灌"幸福"之花
——安徽省铜陵市幸福社区

社区"法治超市"由党委书记担任"店长"，联系社区的"两代表一委员"、社区网格员、综治专干和党支部书记担任兼职"营业员"。区司法局选派两名法官、检察官在社区坐班，制作了工作牌，公开法官、检察官的姓名、联系电话和工作内容，每周到"法治超市"坐班半天。将基层法律服务事项纳入政府购买服务项目，并为律师发放补助。聘请律师事务所的一名律师每周到社区坐班值守半天，每季度举办一次法治讲座。公安局安排6名警力（确定一名警长）定期到社区"法治超市"开展社会治安、维护稳定形势分析，协调推进矛盾化解和治安管理。

"法治超市"设立固定的宣传栏和阅读室，开辟法律图书角，定期更新各类法律法规和政策汇编，供居民群众免费阅读。设立信访接待岗，做好群众来信、来电、来访和投诉的接待、引导和前期处理工作，引导群众依法表达诉求。据统计，初信初访件80%被"法治超市"成功化解，20%通过信访代理机制由"法治超市"转交到区信访部门。"法治超市"因人、因事、因地遴选出一批调解能手，懂政策、懂法律，在群众中有较高威望，能够从"情"入手，解心结、化积怨。专职律师每周半天坐班接待群众来访，为居民免费提供法律服务，解释法律文书，参加矛盾纠纷调解，将矛盾纠纷导入司法程序。

（五十四）"警社联盟"工作法

围绕"社区事社区治"的工作理念，一些社区探索建立"警社联盟""四位一体"工作机制，进一步夯实了社区综治组织建设。

建立"四个明确"工作机制，确保工作有序有效推进。明确

"社区党组织书记+社区主任+社区民警"主要负责对社区整体防控工作的督导安排；明确"综治副主任+警务助理"主要负责管理、指导治安志愿者基础信息采集和收集汇总上报；明确"社区民警+网格员"主要负责执行各项工作要求，重点履行打、防、管、控、服等工作职能。具体由一名社区民警和若干名固定的社区工作人员组成，并组建巡逻队；明确"楼栋长+居民小组长+保安员"主要负责基础信息采集、矛盾纠纷排查化解、情报信息收集等工作。

案例做法

协同共建平安社区
——贵州省安顺市互助社区

互助社区位于安顺市经济贸易中心地段，是棚户区改造的重要区域，基层治理工作常常面临着基础信息采集难、重点人员管控难、矛盾纠纷化解难等一系列困难。

社区是棚户改造区，原有的居民小区大部分已完成拆迁，回迁房多数用于租赁，居住的人员来自四面八方，入住人员的情况比较复杂，刑事治安案件高发。为解决这一问题，社区与警务室结合实际建立了网格站，按照人熟、地熟、情况熟、具有较强交流能力和亲和力的原则，招聘网格员从事沟通协调工作。网格员上岗后，充分发挥自身优势，及时通过警民恳谈载体，畅通了社区居民沟通联系的渠道。

社区通过"双岗、双薪"的执行，既提高了警务助理的业务能力水平，又创造了一个拴心留人的环境。对于治安志愿者的管理，按照"时间银行"工作原则，结合其开展基础信息采集、矛盾纠纷化解等工作情况严格执行以奖代补工作机制。2017年至2021年6月，警务室共采集各类基础信息1万余条，化解矛盾纠纷30余起。

积极探索新举措，在"互育网格站"中通过警社联盟体系建设，全面了解社区戒毒人员的工作、生活等情况，实施全天候、全方位监督。通过"检、育"机制，让社区康复人员重拾了生活和工作的信心，"检"即加强对社区戒毒人员的尿检频率，降低复吸风险。"育"即通过社区康复人员现身说法，达到警人育己的目的。这一机制为公安机关探索帮扶违法犯罪人员回归社会提供了工作经验。

第六部分
文化德治

【政策背景】

随着城市化进程的加快，人们的居住环境越来越好，但邻里之间的交往却越来越少，相对封闭的单元住房限制了人与人之间的往来，许多人下班之后就被封闭在安全门、防盗窗包围的空间里，邻里关系有所淡漠。社区治理的深入推进在很大程度上改变了这种情况，在社区治理过程中，通过实施项目、开展活动，为社区居民创造了更多的交流机会，为社区和谐稳定营造良好氛围。社区开展的文化活动作为居民之间交流、沟通的桥梁，成为推动社会和谐稳定的有力保障。社区因文化活动充满活力，居民之间因文化建立了平等、和睦、友爱的人际关系。因此，应进一步加强社区文化建设，使社区真正成为和谐温馨的家园。

2017年，中共中央、国务院印发的《关于加强和完善城乡社区治理的意见》提出："强化社区文化引领能力。以培育和践行社会主义核心价值观为根本，大力弘扬中华优秀传统文化，培育心口相传的城乡社区精神，增强居民群众的社区认同感、归属感、责任感和荣誉感。将社会主义核心价值观融入居民公约、村规民约，内化为居民群众的道德情感，外化为服务社会的自觉行动。重视发挥道德教化作用，建立健全社区道德评议机制，发现和宣传社区道德模范、好人好事，大力褒奖善行义举，用身边事教育身边人，引导社区居民崇德向善。组织居民群众开展文明家庭创建活动，发展社区志愿服务，倡导移风易俗，形成与邻为善、以邻为伴、守望相助的良好社区氛围。"

2021年，中共中央、国务院印发的《关于加强基层治理体系和治理能力现代化建设的意见》提出："加强思想道德建设。培育践行社会主义核心价值观，推动习近平新时代中国特色社会主义思想进社区、进农村、进家庭。健全村（社区）道德评议机制，开展道德模范评选表彰活动，注重发挥家庭家教家风在基层治理中的重要作用。组织开展科学常识、卫生防疫知识、应急知识普及和诚信宣传教育，深入开展爱国卫生运动，遏制各类陈规陋习，抵制封建迷信活动。"

【实践探索】

一、如何在社区工作中融入社会主义核心价值观

社会主义核心价值观必须落细落实，如具体化为家庭道德规范、社区道德规范、行业道德规范、公共道德规范等。社区要完善居民公约、守则等具体行为准则，促进居民按照社会主义核心价值观要求修身立德处世。社会主义核心价值观要融入群众性精神文明建

设,融入理想信念教育、道德教育、历史教育等。要切实推动社会主义核心价值观深入群众,让广大居民自觉体验、自觉接受社会主义核心价值观,大力弘扬主旋律。近年来,各地社区积极探索形成了宣传教育"五人"、民族团结"二三四五"、营造文化氛围"七联七建"等工作法。

(五十五)宣传教育"五人"工作法

近年来,社区积极探索做好新时代社区思想政治工作的新路子,构建了"五人"(用科学理论武装人、用真情奉献凝聚人、以先进人物感染、以典型魅力引领人、用规章制度约束人)工作法。

注重做好规章制度的建设。引导社区居民遵守各项行为规范,在显著位置张贴市民文明公约和社区居民公约。同时结合社区实际情况,制定可操作、可实施的社区居民守则和文明言行手册,并发放到每户居民家庭,组织居民认真学习,以规范居民的一些不文明行为,营造人人知晓、人人参与的氛围。

注重做好经常性学习。通过多种方式、多种渠道,广泛组织党员、群众开展经常性学习,并定期组织学习分享互动,通过有奖知识问答、知识竞赛等方式,调动大家的学习积极性。

案例做法

社区教化暖人心
——辽宁省鞍山市灵西社区

灵西社区因老年人多、下岗失业人员多、残疾人多、低保户多、外来人口多、刑释解教人员多、拾荒者多，曾被当地人称为"七多"社区。

近几年来，为更好地激发社区居民参与社区共建共治的热情，灵西社区组织开展了一系列文明、礼貌、守规等主题征集活动，形成典型事例进行广泛宣传，更好地促进了人人争做讲文明、懂礼貌、守规矩的正能量传播者，促使社区居民都参与到社区治理中来，这个曾因"七多"而闻名的社区成为了全国平安家庭示范社区、全国文明和谐社区。

曾经的"口袋"党员在社区"五人"工作法的感染和鼓舞下，成为了灵西社区的志愿者代表，他带头组建起了社区第一支由党员志愿者和居民组成的24人的社区治安巡逻队，为社区居民安全保驾护航。社区巡逻队成立之后实行不间断巡逻，并在社区主要路口岗亭设置24小时值班人员，这些举措大大改善了灵西社区治安状况。自巡逻队成立后，灵西地区多年来无重大刑事、盗窃等恶性案件发生。在治安巡逻队无私奉献的带动下，更多热心的社区群众加入到志愿者队伍中来。

（五十六）民族团结"二三四五"工作法

少数民族聚居或者多民族共同居住地区的城市社区是筑牢中华民族共同体意识、促进各族群众交往交流交融的重要阵地。一些社区探索形成民族团结"二三四五"工作法，形成了各族居民协同参与、共商共议、和谐共处的良好局面。

凝聚力量打造"两个阵地"。在社区党组织的领导下，由居委会组织设立两个阵地。一是在社区党群服务中心设立"民族之家"，组织开展各族居民交往交流活动，互帮互助。二是精心打造社区"民族园"，内设书法、工艺、健康小屋、民乐等功能室。

促进团结成立"三支队伍"。一是成立民族工作小组。在社区党组织领导和社区居委会组织下，通过个人自荐、集体推荐、民主选举等方式，产生主要由少数民族居民组成的"民族之家"工作小组。按主动自愿原则，将社区内有少数民族员工的企业和社会组织纳为成员单位，发动社会力量参与社区治理。二是在居委会组织下成立民族团结理事会。大力宣扬党和国家的政策法规，协调处理涉及少数民族群众的矛盾纠纷；组织开展居民文化艺术联谊活动，引导各民族居民参与社区治理和服务。三是成立民族艺术团。传承和发扬民族文化艺术，组织少数民族居民在每年国庆、中秋、元旦等文艺晚会献才献艺，展现民族歌舞、器乐等，让居民感受到民族文化魅力。

居民融合建立"四项机制"。一是建立"十个一"活动机制。每年常态举办一次民族团圆会、民族歌唱大赛、民族游园活动、少数民族法律知识宣传、"民族一家亲"才艺表演、走访慰问居民、居民家庭亲子活动、为少数民族居民免费健康体检、劳动技能培训、公益服务活动。二是建立"六个必访"关爱机制。重症病人重点访、生活困难及时访、生病住院随时访、居民病故两次访、天灾人祸马上访、孤寡老人和残疾人定期访。三是建立网格化管理服务工作机制。将社区划分成网格，每个网格由网格长和网格员组成，确保服务群众责任到人、联系到户。四是建立双向交流、资源共享机制。与民族院校合作，双向设立民族大学生社会实践基地、民族学生大学校园生活体验基地，促进社区融合。

突出"五个主题"走出社区善治新路。以尊重、引导、关爱、服务、帮助为主题，塑造社区文化和社区精神。制定修订符合社区特色的居民公约。设立法律超市，聘请律师驻点为少数民族居民提供法律咨询、提供法律援助等服务。组织各民族居民开展劳动技能培训，引导少数民族居民参与志愿服务、社区环境整治等活动。每年梳理居民居家安全、消防治安、小区停车难等热难点问题，召开居民议事会或居民会议讨论表决，整合各方资源予以解决。

案例做法

谱写多民族团结共建和谐社区新篇章
——广东省深圳市宝民社区

深圳市宝安区新安街道宝民社区成立于1992年，是一个多民族社区，总人口3.6万人，其中外来人口占86%，有壮族、回族、苗族、维吾尔族等28个少数民族，因风俗习惯、宗教信仰、语言、饮食习惯等不同，起初少数民族居民难以融入社区生活。针对这种现状，宝安区民政局会同新安街道办事处，指导社区创建多民族特色社区，通过"二三四五"工作法，迄今为止发动社会力量参与社区治理开展议事活动27场次，提出合理性意见和建议96条，已开展公益性活动40余场，先后关爱慰问少数民族困难居民89户300多人次，接送和探访住院生病人员28人次。

（五十七）营造文化氛围"七联七建"工作法

社区围绕自治、德治、法治"三治融合"思路，以社会主义核心价值观铸魂，依托社区文化宣传长廊、文化广场、文体活动室、社区图书室、共建单位文化场所等主阵地，搭建法治讲堂、道德讲堂、健康讲堂、科普讲堂、技能培训课堂等主平台，把社区文化细化为法治文化、传统文化、校园文化、科技文化、健康文化、民生文化、广场文化七种形式，携手共建单位探索形成"七联七建"工作法，即法治文化联做，共建平安社区；传统文化联办，共建文明社区；校园文化联动，共建活力社区；科技文化联进，共建智慧社区；健康文化联讲，共建康乐社区；民生文化联抓，共建幸福社区；广场文化联谊，共建和谐社区。

社区广设法治宣传栏，宣传劳动保障、婚姻家庭、未成年人保护、安全生产、禁毒反邪等与居民群众息息相关的法律法规知识。定期联合公检法部门进小区、近楼栋宣传法治文化。通过开设法治讲堂，普及法律知识，提高居民法治意识，提升全民法律水平，维护社区稳定。成立法治宣传骨干队伍，选树法治中心户，组成普法宣讲队、法律调解服务队，将法的意识、法的理念融入百姓生活，有效促进社区法治文化建设。

社区开设道德讲堂，弘扬传统文化，深入开展"家风家训进万家"活动，常态化推动全民阅读、经典诵读活动，开展善行义举评选活动。围绕传统节日策划各项活动，突出传统文化内涵，在寓教于乐中增强了社区居民的文化认同和文化自信。

充分发挥社区优势，以公共文化、兴趣文化进校园为抓手，推行社区与学校互动。以家长学校为抓手，狠抓青少年校外学习教育。配合相关部门，对校园周边家政、辅导类机构进行常态监督，成立网吧监督志愿队，聘请热心老干部担任网吧监督员，优化社区文化市场环境。开辟学生实践平台，通过举办"携手校园·共筑幸福家园"校园文化进社区系列活动，增进社区的文化活力。

社区通过搭建微信平台、设立宣传栏、开办科普讲堂等形式，大力推广科普进社区活动。由各级科协定期提供宣传内容，联建单位提供场所，网格员组织发动群众，进行科普、健康、食品安全、防震减灾、消防等知识宣传，用科学指导生产、生活，提高居民爱科学、学科学、用科学的自觉性和主动性，让科学文化走进千家万户。

社区开设健康大讲堂，以健康生活、运动养生、心理健康教育为重点，普及健康知识。积极组织驻区医疗机构对老年养生、慢性病、常见病以及饮食保健等知识进行辅导，为居民定期免费体检，对社区孤寡老人、残疾人进行上门服务。大力开展病媒生物防治工作，营造宜居生活环境。积极组织趣味运动会、健康问题筛查等新颖有趣、群众喜闻乐见的活动。

社区以继续教育和技术技能培训为重点，常态化开展电脑、刺绣、烹饪、家政服务、礼仪交际和微商知识技能培训，通过推荐、协调促成弱势群体就业。发动物业服务企业、驻区单位、在职党员利用八小时之外时间参加老旧小区改造、环境卫生整治；高标准建设社区日间照料中心，积极推进社区居家养老，使老年人的晚年生活得到切实保障。

案例做法

塑造文化"乔南"
——陕西省韩城市乔南社区

乔南社区成立于2013年12月，面积0.48平方公里。截至2021年8月，社区常住人口近3361户、10365人，辖11个居民小区，17个驻区单位、488家商户，共划分为4个管理网格。社区党员50名，在职党员260名，社会组织13家，各类志愿服务团队18个，志愿者人数1383人，占到居民总数的13%。

乔南社区依托文化领域的"七联七建"工作法，通过形式多样的文化活动传递了党的政策主张，社区在联建过程中积极协调驻区单位解决活动场地、设备、道具、经费等问题，充分整合社区资源，利用公园、小区广场，为群众广场舞、健美操、自乐班等文体活动协调场所，聘请社会专业机构提供训练指导，结合"我们的节日"等活动，丰富了居民的精神世界，拉近了社区和居民的距离，提升了社区公共服务的能力和水平，实现了核心价值观育民、社区文化惠民的生动局面。

二、如何开展好社区教育和文体活动

社区教育和文体活动是社区工作的重要组成部分，也是社区组织群众、发动群众的有效方式，在维护社区稳定、促进社区和谐中起着极其重要的作用。随着广大居民物质生活水平的不断提高，他们对精神文化生活的需求也越来越高，社区要加强和创新教育和文体活动，以改善社区人文环境、增强社区凝聚力。实践中，各地社区探索形成了增进邻里交往"四邻"、"社区邻里节"等工作法。

（五十八）增进邻里交往"四邻"工作法

随着城镇化进程推进和人口流动的加快，社区外来人口越来越多，对传承互帮互助的优良传统、增强社区凝聚力提出了更高要求。

一些社区坚持以"邻里党建"为载体，将党建与睦邻文化建设、社区治理深度融合，全力推进社区德治、善治、共治和自治，打造共建共享、向上向善的和谐家园。探索形成"四邻"工作法：培育邻里情，德治春风润人心；落实邻里帮，善治之光暖人心；织密邻里网，共治共建聚人心；注重邻里赞，自治协商贴人心。

社区党组织坚持社区的事居民议、社区的家居民当，乐让居民当主角，乐见居民来点赞。社区党组织成立居民"大管家"服务中心，划分党建"微网格"，建立居民议事点，定期召开楼栋居民恳谈会。每月固定一天作为"邻里协商议事日"，定期围绕小区停车难、文明养犬等基层治理突出问题进行协商议事。社区居民全程参与社区组织的重大项目方案设计，最大程度实现为居民"赋权""赋能"，不断强化居民心中的"家园意识""共同体意识"。

社区利用线上"微管家",向居民提供菜单式服务,积极构建线上线下双向服务体系。社区还专门设立"居民说事室",让居民说话有地方,妥善解决小区治理难题。社区协商贴近了居民,聚合着人心。

案例做法

搭建社区真情　提升邻里温度
——安徽省马鞍山市鹊桥社区

2009年12月,鹊桥社区在社区党委的引领下成立以社区为主导,社区党员、居民为参与主体,以"传递爱心真情、共建和谐社区"为主题的"一元爱心慈善基金会"。截至目前,已有3000多人次参与众筹,累计向社区困难家庭捐助款项、物资总额达9万余元。社区成立虹桥劳模服务队等13支志愿服务队伍,形成了"聚是一团火,散是满天星"的红色力量,推出"一小时志愿服务圈",成立社区职工子女爱心托管班,寒暑假期间组织志愿者向托管儿童开展知识讲座、艺术辅导等,让孩子们假期快乐、让居民们工作安心。同时采取政府购买社会化服务的方式,向全社区300多名空巢、独居、孤寡老人提供菜单式服务。

2017年7月,社区党委首次将20家驻区企事业单位纳入社区城市基层党建联席会议成员单位,签订共建项目68个。驻区市港航管理局、马钢鹊桥服务站、英子包子等企事业单位136名党员主动走进社区开展"敲门日、帮扶日、欢聚日"等志愿服务日活动，认领居民"微心愿"289个，与56户困难家庭常年结成帮扶对象，长期免费为居民提供法律咨询、医疗保健服务。市总工会、区政府办等共建单位主动走进"红色阵地"开展联建共建座谈会，建立起"拆违治乱"联合执法、突发事件联合处置、文明创建联合巡查、"扫黑除恶"联合开展等社会协同机制。

（五十九）"社区邻里节"工作法

为增进社区居民相互了解，营造守望相助的社区邻里关系，一些地方组织开展社区邻里节活动，取得了良好效果。

建强组织，把邻里居民"聚"在一起。社区党组织下设网格党支部、楼栋党小组，发动党员担任楼道"红管家"，在每个单元显眼位置张贴"红管家"的姓名、联系方式、负责区域和工作职责，"有事找党员"成了居民的共识。通过把党组织建在网格上、小区里、楼栋中，"红管家"逐楼栋逐单元入户走访，畅通了党员与居民、居民与居民的关系，打破了过去的邻里陌生感。组建"老娘舅""红袖章"等志愿服务队伍，坚持从贴心服务抓起，大力开展行胜于言志愿服务、为民办事暖心服务等志愿服务活动。

搭建平台，唤醒邻里和睦浓浓真情。社区党组织立足社区实际，坚持党建引领，秉承"重在平时、重在交心、重在行动"的理念，搭建广大居民"相识、相知、相助"的平台，增进邻里交往交流交融，建立相互嵌入式社会结构和社区环境，在"共居、共学、共事、共乐"中营造浓浓的邻里互助氛围。坚持定期开展"社区邻里节"活动，建立起活动长效机制。进一步唤起邻里间守望相助、和睦相处、彼此关心的优良传统。

精选载体，架起邻里交往连心桥梁。聚焦老旧小区基础设施陈旧、路灯不亮、屋顶漏雨等居民群众关心的热点难点问题，着力改善社区人居环境，群众幸福感、获得感、安全感进一步提升。充分发挥典型引领作用，深化"身边好人""好媳妇""好婆婆""美德少年"等群众性精神文明创建活动，拉近邻里关系，增进邻里感情。

案例做法

载体带动发动群众
——宁夏回族自治区吴忠市金花园社区

宁夏吴忠市金星镇金花园社区常住居民近1.4万人，其中回族、满族、蒙古族、藏族等少数民族占总人口的45%，一系列社区治理、服务的创新机制让和谐家园遍开"民族团结花"，社区荣获"全国民族团结进步模范集体"称号，先后开展志愿服务活动38场次，圆梦微心愿60个，推动形成了"有时间当志愿者、有困难找志愿者"的良好氛围。社区的庭院广场、党群服务中心、"家长学校"、"未成年人活动中心"等一应俱全，居民们都喜欢来这里坐一坐，与邻里聊一聊。党建下沉让基层治理有了新的生命力,党员服务更走心,邻里居民更热心,过去的"门对门、陌生人",变成了现在的"门对门、一家人"。

至今为止,金星镇金花园社区的"社区邻里节"已连续举办17届,开展各类邻里促进活动68场次,参与居民达5000人次,被广大居民群众赞誉为"咱老百姓自己的节日"。结合春节、元宵节、中秋节、端午节等中华民族传统节日,组织开展"迎新春民族团结文艺汇演""欢乐庆元宵联谊活动""粽香满园话情谊""花儿唱响新生活大合唱"等精彩纷呈的主题活动,使各族群众聚在一起,联欢联谊,相互贺节,共同分享,培育了持久浓厚的民族团结新风尚。

三、如何开展好社区志愿服务

随着志愿服务的发展,我国许多城市已建立了多种形式的社区志愿服务者组织,并不断完善组织制度、活动章程,逐步走入正轨。建设一支宏大的社区志愿者队伍,需要政府充分发挥主导作用,居民自治组织积极配合,共同支持志愿者队伍的培育、发展和壮大。

近年来,一些社区通过党员志愿者发挥带头作用、"社区能人"发挥骨干作用、驻区单位发挥支持作用等形式,探索形成"党建+志愿服务"、"道德银行"、盘活志愿服务资源"520"等工作法,逐步建立起社区志愿服务常态化、长效化工作机制。

（六十）"党建+志愿服务"工作法

"党建+志愿服务"是社区志愿服务的创新探索。面对社区弱势群体多、老旧楼房管理难等难题，社区党组织紧紧抓住党建为民服务创新契机，以"红色义工"为切入点，依托党建网格，整合党员志愿服务力量，挖掘社区共建资源，积极开展系列志愿服务，形成民有所需、我有所应，民有所求、我有所为的基层治理新格局。

完善体系，凝聚志愿服务力量。坚持党建引领志愿服务，搭建社区党组织、共建单位、党员志愿者服务架构。发挥社区党组织引领作用。社区党组织强化日常管理和服务运营，志愿服务队定期开展经验分享会、服务技能培训会等。及时了解群众需求，制订居民需求清单，组织志愿服务队接单服务，提升志愿服务项目针对性和服务精细化水平。

依托载体，拓展志愿服务空间。加强阵地建设和活动设计，推动社区志愿服务活动经常化、制度化。设立"家门口"服务驿站。依托社区党群服务中心整合党建、卫生、城管等资源，组织社区工作者、在职党员、居民代表，邀请驻区单位、区直部门、"两代表一委员"等轮流到服务驿站值班，让居民随时看得见、找得到、叫得应，及时帮助群众协调解决实际困难。启动"微心愿"帮扶计划。

分类实施，提升志愿服务实效。社区牵头建立"红色志愿服务联盟"，成立四支特色队伍，不断提升志愿服务专业化、精准化水平。针对居民最关心的物业问题，建立物业志愿服务队。定期深入小区开展"大扫除"，走到居民身边，宣传垃圾分类、劝导不文明行为，倡导文明新风。定期入户走访，了解居民生活诉求，征求小区物业管理的意见建议,向社区、物业服务企业及时反馈信息。针对社区空巢老人群体,建立援助志愿服务队。

案例做法

弘扬志愿精神
——黑龙江省齐齐哈尔市南郊社区

南郊社区通过挖掘共建单位优势资源,与驻区单位签署红色志愿服务协议,开展政策宣讲、环境治理、走访慰问等系列志愿服务活动;通过年度评比最美志愿者、最美服务队、最美共建单位,激发共建单位参与社区服务热情,盘活了社区共建资源。打造"南航先锋·红色义工"志愿服务品牌,按照网格划分在职党员责任区,党员带头认领先锋岗,现已吸纳1500名志愿者参与社区志愿服务活动,提升了社区服务能力与质量。

社区推出100个"圆梦微心愿"认领活动。定期深入居民家中走访,依托"家门口"服务驿站,将居民需求清单张贴在"微心愿墙"上,开通"微心愿"填报小程序,组织志愿服务队专项认领服务项目,开展"一对一"结对帮扶。实行"积分制"管理模式。采用专人管理方式,建立个人积分手册,对安全巡查、宣传咨询、慰问帮扶等工作情况进行量化积分。年末依据积分结果、回访居民反馈志愿服务情况等,评选"最美志愿者",吸引越来越多的党员、居民群众自觉投身到志愿服务活动中来。

社区依托"百草养生居",组织志愿者结对帮扶,定期为老年人提供免费义诊、康复训练、精神慰藉等服务,使社区 100 余名空巢老人都能享受到幸福的晚年生活。针对下岗失业人员群体建立帮扶志愿服务队。组织志愿者定期对下岗职工进行技能培训、就业指导,普及劳动法等。联合用工单位进社区举办招聘会,成功帮助社区 50 余名下岗失业人员实现再就业。

(六十一)"道德银行"工作法

社区"道德银行"以道德换积分、以需求换需求、变包揽为引领,推进"道德银行"从简单积分管理到可以自我造血的转变,形成了较为完备的运行理念。

以道德量化积分,把"道德银行"建起来。参照银行运行机制,将无形的道德量化为积分,通过积分享荣誉、换物品、买服务,引导居民主动融入社区管理和建设。一是搭建平台。依托社区办事大厅设立"营业厅",由社区主任担任"行长",选拔热心居民为"营业员",成员组成积分管理评审团,开通咨询热线和"道德银行"网上办事厅,实现线上线下同步,全天候提供咨询、预约、兑换等服务。二是制定规则。制定《"道德银行"积分细则》,区分党员、普通群众、青少年等不同类型居民差异化设置积分指标。三是健全监督。通过微信公众号、社区网站等渠道,将积分台账、物资兑换等情况每季度面向社会公示,主动接受社会监督。

以服务兑换需求,让"道德银行"转起来。以居民需求为导向,分层次、分类别设置激励引导措施。一是以需求定服务、换积分。设置公益慈善、调解矛盾、文明劝导等20项志愿服务岗位,储户不分年龄段、不分职业,均可根据自身所长、兴趣爱好参与并获得相应积分。二是用积分按需求、换服务。根据走访调查居民所需,制订"道德银行"实物兑换、服务购买细则,列出物品兑换清单,开设幼教、"四点半课堂"、家政、绘画、书法等服务项目。

以包揽变为引领,促"道德银行"活起来。以推行"道德银行"工作法为契机,着力推进社区治理从包揽向引领转变。一是强化政治引领。成立"道德银行"党支部,实行支委会、"董事会"一套班子运行,整合驻区企事业单位参与社区治理,吸引社区党员"储户"参加双重组织生活。二是强化政策引领。落实启动资金,用于软硬件建设。争取政策支持,申报公益项目,成立社区社会组织孵化中心,吸引公益组织入驻,以孵化社会组织。三是强化典型引领。每年开展表彰奖励,累计评选星级文明户、道德小标兵等,培育公益服务中心、艺术培训中心等社会组织。

案例做法

存善举 聚民心
—— 四川省自贡市龙湖远达社区

龙湖远达社区"道德银行"的成立,使居民通过不同渠道、方式展现道德,通过对道德量化积分、建立关爱回馈机制,让居民敢于、愿意做好事,引领社区文明和道德风尚,促使各种团体孕育而生,体现出帮扶群众、弘扬正能量等各种服务功能，政府管理、社区治理等更智能化。为鼓励社区居民积极参与，社区不断完善"道德银行"服务方式和兑换途径。储蓄服务时间，除留给自己老了享用，还可以转让、继承。志愿服务者自己遇到困难需要帮助时，可以从中支取"被服务时间"，若服务者发生意外，"道德银行"的"存折"也可像银行存折一样被亲人和家属继承。

龙湖远达社区针对居民自发参与各种活动的特点，特别是文化体育类、生活服务类、公益慈善类、公益维权类、社区治理类等活动，制定《社区社会组织培育发展的方案》，整合社区现有资源，探索成立"龙湖社区社会组织孵化中心"，"道德银行"承接社区社会组织孵化中心工作，孵化了老年协会、松霞艺术团等社会组织。"道德银行"成为了培育发展社会组织的助推器，各社会组织的发展由道德来助力，参与活动得"道德币"，折返用"道德币"参与活动，用"道德"这颗种子培育出社会组织，使社会组织健康迅速发展。

（六十二）盘活志愿服务资源"520"工作法

近年来，一些社区党组织在盘活整合社区资源、搭建志愿平台、发挥志愿者队伍服务作用的基础上，探索形成"520"（"5"即整合社区资源，建立"五圈服务"；"2"即打造"一站一中心"，搭建社区综合服务平台；"0"即搭建智慧社区平台，实现服务零距离）工作法，在促和谐、凝人心，解决社区治安管理问题上发挥了积极作用。

整合社区资源,建立"五圈服务"。一是构建爱心奉献服务圈,拓展志愿服务新平台。发挥社区联合党组织协调作用,建立"社区党组织+驻区单位党组织+爱心服务联盟+青年志愿者+社会组织+网格员"的"1+5"服务模式,发挥社区共驻共建单位服务特长,打造爱心奉献服务圈。二是搭建康体医疗服务圈,社区资源利用最大化。充分利用驻区医疗资源,建立党组织联席会制度,大力开展医疗康体服务。三是构建文化娱乐服务圈,充实群众文娱生活。注重培养社区文化活动领军人物,带领居民走出家门参与社区活动,组建舞蹈、健身、书法、手工艺术品等领域的文化活动队,依托文化活动队丰富传统节日活动内容。立足居民需要,在社区党群活动服务站开办书法班、国学班和假期活动班,丰富学生课外活动。四是创建居家养老服务圈,养老敬老落脚最基层。以"中心带居家",创新"微养老"服务模式,引入专业服务机构对社区空巢、高龄、残疾等老年人全面开展居家养老服务。五是组建治安巡防服务圈,综合治理层次更完善。推进社区联合社区单位、社区民警、物业服务企业共同讨论、协商解决社区治安问题。

打造"一站一中心",搭建社区综合服务平台。一是依托党群活动服务站,精心设置市民学校、亲子活动室、悄悄话室、书画室、"四点半课堂"、舞蹈室等功能完善的活动室,满足居民多方面的活动需求,搭建社区全周期服务场所。二是依托嵌入式社区老年日间照料中心为社区空巢、高龄、残疾老人们全面开展居家养老服务,提供健康课堂、康复理疗、心理咨询、家庭巡诊等专业服务,建立了功能齐全的各类活动室、理疗室。

搭建智慧党建平台,实现服务零距离。充分发挥智慧党建平台、QQ群、网格微信群作用,针对居民在智慧党建平台上反映的各类问题和困难,社区网格员及时给予答复或协调解决。居民借助阳光社区网络平台，通过菜单中的"办事指南""家政服务""社区公告"模块，随时掌握社情动态，在指尖上办理社区服务。

案例做法

爱洒"康馨"

——宁夏回族自治区银川市康馨社区

康馨社区有居民 5003 户，常住人口 1 万余人。社区内人口流动性大、治安压力大，社区把治安稳定作为工作的重点，经常主动联系驻区单位、社区民警、物业服务企业共同协商解决社区的治安问题，督促物业服务企业加固小区护栏，增加技防设施。

2019 年 1 月至 2021 年 7 月，康馨社区累计组织开展义诊、医疗志愿服务、居家养老以及患者后续辅助治疗等服务项目 142 场次。成立康宁馨陪护服务中心、康爱馨爱心公寓，为患者及家属提供住院陪护、家政、低价房屋租赁等服务。

四、如何营造健康向上的社区道德风尚

榜样的力量是无穷的。加强社区治理，离不开榜样的示范带动作用，尤其是党员的模范带头作用。这种榜样的引领作用，在社区治理中可释放出无穷的力量。社区要大力选树、宣传、推广先进典型，营造"人人知晓、人人参与、人人争先"的良好社会氛围，让

广大群众切身感受到身边典型的优秀品质和良好作风，确保起到推动工作、鼓舞人心、教育群众的作用。实践中，各地社区探索形成了"家门口""民情日记""共建和美家园"等工作法。

（六十三）"家门口"工作法

"家门口"工作法立足社区特点和人员结构，聚焦"社区融合"这一现实问题，以党建工作为统领，持续提升"以服务促转变·以党建促融合"的新时代社区治理水平。

移动办公，敲开服务居民"第一块砖"。创新社区工作方法，由之前的"事"找我，转变为现在的我找"事"；实行接诉即办，设置"移动办公桌"，通过下沉式工作模式，实现为民服务零距离，以最快速度解决居民需求。

由"小"管"大"，事半功倍。社区居民大多有在大院堆放杂物的习惯，人上楼了，习惯也随着上了楼，怎样顺畅清理且不反弹成为摆在社区面前的一道难题。为发动群众共同参与社区环境治理，社区党组织组织党员及社区志愿者积极商讨，敲门入户听意见，形成了社区"绿地认领"的新举措。社区在职党员主动请缨，耕地、选种、浇水、认领，开垦出第一块"试验田"。

案例做法

发挥居民骨干的带头作用
——北京市吉祥花园社区

吉祥花园社区回迁房与商品房共存，距离地铁15号线花梨坎站不足500米，步行仅需5分钟，流动人口众多，社区环境提升和保持同等重要。

社区党支部以"为民办实事"为宗旨，认领绿地130余块共2000余平方米，参与居民200余人，绿地认领公约签订率达到100%。在"绿地认领"的带动下，居民自发组建绿色环保协会，从一家认领一块地，到现在一块地同时被好几家认领，越来越多的居民参与到社区绿化建设工作中来，以种植活动为"引"，引导居民在社区这片沃土上最大限度发挥自身才干，在优化社区环境的同时，潜移默化地转化引导居民参与社区治理和服务，推动着社区更加和谐美好。

（六十四）"民情日记"工作法

近年来，随着经济社会快速发展，社区人群结构、生活方式、沟通交流方式也日益变化，社区服务能力与居民群众思想多样化、需求多样化逐渐出现不匹配、不协调现象。为走出这一困境，一些社区探索总结出"民情日记"工作法。以民情日记为载体，记录"知民情，解民忧"的全部过程，用创新的思维、融合的理念、为民的真心，将问题导向和项目化思维应用于日常社区治理与服务。通过一本本日记，记录社区建设的领路人、理论宣讲的传声人、社区居民的贴心人、外来人员的婆家人、外出人员的娘家人、特殊儿童的监护人、老年群体的赡养人、失足人员的帮教人"八种角色"的主要事迹，使社区赢得了广大居民的信任与爱戴，使社区党建工作水平实现提升，从而走出一条党建引领城市基层治理的新路。

服务社区党员，当好"领路人"。社区将"抓班子、带队伍"作为首要职责，提出"五个好"工作目标，即建设一个好班子、带出一支好队伍、健全一套好制度、探索一个好机制、创建一个好环境。在平常工作中，坚持用制度规范班子工作、用民主凝聚班子团结，制定群众纪律、服务规范等规章制度，进一步提高社区党组织和全体干部的战斗力。

服务社区居民，当好"贴心人"。哪里群众有烦心事，哪里有解不开的难题，社区就在那里"办公"。因为"网格员坐在办公室里就不是真正的网格员"，所以社区创建民情气象站，精心挑选网格员。他们常年行走在网格里，通过与居民密切接触，以阴、晴、雨、雪四种气象符号分类整理社情民意，通过"一事一议、按事组团、对症施策"的方式，集中力量开展针对性服务。

服务老年群体，当好"赡养人"。社区干部在与老年群体打交道过程中要掌握快速拉近人心的办法，可借鉴推销保健品的经验——"嘴甜心细""嘘寒问暖"，站在老年人的角度思考他们真正的需要，帮助老人解决养老生活中的各种困难。

服务失足人员，当好"帮教人"。社区就是党和政府与人民群众的连心桥。不放弃每一名居民，让每一名居民都能感受到党的温暖，感受到政府的关爱，这是党和政府的重托。同时，社区还定期对刑释解教人员进行帮教转化，点燃他们的希望之火，让他们更快更好地重新融入社会。

案例做法

扮好"八种角色"倾情服务群众
——吉林省延边朝鲜族自治州园辉社区

园辉社区地处繁华老城区的商业地带，有两所公办中小学、两家大型餐饮企业以及420户商家，是一个多民族聚居、留守儿童多、空巢老人多、人口流动性大的社区。

起初，社区只是简单把每天做到的和还没做到的以及明天必须做的都记录下来，随着社区治理服务理念的发展和项目运营经验的增加，社区的民情日记内容愈加丰富和规范，逐步形成了"民情日记"工作法。

园辉社区建立"居家养老服务中心"，定期组织志愿者开展结对帮扶、走访慰问、集中读报、免费体检和上门义诊等活动，发放"爱心救助卡"，设置电话"一键通"，提供法律咨询和法律援助，充分保障老年人在赡养、财产、婚姻等方面的合法权益。

某孤儿刑释解教后无生活来源，社区主动帮助其解决了基本生活问题。在得知其将外出打工时，为他购买了火车票，还给予他200元钱。某服刑人员家庭困难，一度态度消极、自暴自弃。针对这一情况，社区制订了专门的帮扶措施，为其奶奶联系了光荣院，为其妻子、儿子办理了低保手续，协调学校减免了高某儿子的学费，还经常写信鼓励他积极改造。经过社区的耐心教育感化，他目前已获减刑一年六个月，获记功一次。在社区的努力下，已经成功帮教转化13人，帮助他们用自己的实际行动回报社会。

（六十五）"共建和美家园"工作法

习近平总书记指出，社区建设光靠钱不行，要与邻为善、以邻为伴。一些社区在"两邻"理念指导下积极开展探索与实践，形成了"共建和美家园"工作法，具体可概括为"四和"，即和美之家、和睦单元、和气楼院、和谐社区。社区紧紧把握"邻"字内涵，跳出了思维束缚和视野束缚，较好地融合了各类资源。通过驻区单位、社会组织、志愿团队的良性互动，形成了共建共治共享的社会治理格局。社区坚持从居民的操心事、烦心事、揪心事做起，注重把群众工作贯穿到社会治理各个方面、各个环节，不断提升社区党组织在政治引领等方面的能力和水平。

传统美德缔造和美之家。家庭是最小的社会细胞，社区从弘扬中华民族传统美德出发，采取三项措施，推进"和美之家"建设。一是典型引路，做好"最美党员"评选。充分发扬党员群众的先锋模范作用，以邻里推荐、居民票决的形式评选"最美党员"，传递向上向善的力量。二是关注成长，办好"两个课堂"。开展红色讲堂，定期邀请老师进行党史学习教育和开办国学课堂；建立街坊工作室，由心理咨询师提供公益心理健康咨询服务，疏导居民心理、促进平安建设。三是弘扬传统，过好"三个家庭日"。针对家庭中"老中小"三类人群，把每年的重阳节、母亲节、儿童节定为社区的家庭日，围绕节日主题开展浓情温馨的活动。

"楼道三宝"打造和睦单元。楼道是连接家庭与社区的桥梁，是邻里间情感交流的平台；随着"四和"文化的全面铺开，新"楼道三宝"应运而生。一是站长驿站。建立网格化工作机制，选择热心于社区事务、居民信任度高的楼长、单元长作为驿站站长，其家庭作为站址。二是站长热线。站长热线是整个楼道的联络点，通过驿站站长把大家串在一起，邻里通过互帮互助解决问题。三是睦邻公示板及温馨口袋。睦邻公示板中包括驿站站址、热线、便民服务等信息公示，温馨口袋中放着社区发放的各类宣传资料供大家免费拿取。

"五手"相连建设和气楼院。楼院是楼道的延伸，社区将居民的需求与自治的资源进行整合，推出"五手"相连建设和气楼院新模式。一是邻里调解伸伸手。以"评理说事点"为主要力量，针对家庭矛盾和邻里纠纷进行调解，将矛盾化解在社区。二是团结互助帮帮手。以党员志愿者组织为主要力量，通过开展党员奉献活动，使邻里之间守望相助、贫病相扶。三是美化家园动动手。开展"我爱我家"清洁家园日、"绿地认养"等活动，引导社区居民齐心协力共建清新优雅、整洁有序的和谐家园。四是安全防范联联手。以平安志愿巡逻队为主、民警治安防控为辅，成立五色防线巡防队，形成全天候、全方位、全员化的治安防范体系。五是邻里活动牵牵手。以诗社、合唱、舞蹈、民乐等文体团队为主要力量，开展丰富多彩、群众喜闻乐见的文化活动，共建轻松快乐的和谐家园。

居民同心共建和谐社区。社区是全体居民共同的家园，社区和谐是邻里和谐的最高层次。社区以丰富多彩、贴近百姓的"福文化"活动弘扬中华传统美德和社会主义核心价值观，共同打造和谐社区。一是履行一份居民公约。由居民自行组织制定邻里公约，增强了社区自治功能。二是搭建两个沟通平台。为了以最快捷的方式与居民交流，提高办事效率，建立了社区居民 QQ 群、微信群，通过线上线下相结合的方式共同讨论社区中的大事小情。三是开展"四季有福""四季大集"主题活动。春季开展新春祈福送福、灯会、采摘节等系列活动；夏季举办"清凉一夏好邻居"活动月，开展放映露天电影、端午联欢等活动；秋季举办福文化艺术节、中秋百家宴等；冬季开展元宵灯会、年货节等。通过开展系列文化活动，打造和睦相处、其乐融融的大家庭。

案例做法

共建和美家园
——辽宁省沈阳市多福社区

多福社区总面积 0.11 万平方公里，包括 2 个高档小区和 4 个"弃管"小区，有居民 3013 户、9039 人，居民 60% 以上为原五三乡村民，住宅大部分为楼龄 30 年以上的老旧住宅。近年来，社区通过治安管理提高居民的安全感，通过精神家园建设提高居民的归属感，着眼社区环境整治、文化建设、服务提升，推动社区各项工作规范化、制度化。

社区建立了"善邻大道"，在路两旁制作"好人榜"等 36 块展板，持续展示睦邻文化风采，开展"四季有福"主题活动，春季开展新春祈福送福等系列活动，夏季举办"清凉一夏好邻居"活动月，秋季举办睦邻文化节，冬季开展和美之家、和睦单元、和气楼院评选活动。

第七部分
科技智治

【政策背景】

社区治理的智慧化建设是提升社区治理水平的重要途径。各地社区治理的智慧化建设有一个共同特点，就是以社区为基本单元，将不同来源的数据，整合在一个信息化平台上，通过不同治理场景的应用，实时关注社区公共安全，广泛引导社区参与，快速回应社区居民的需求，提高社区的治理水平和治理能力。

2010年，中共中央办公厅、国务院办公厅印发的《关于加强和改进城市社区居民委员会建设工作的意见》提出："积极推进社区信息化建设。整合社区现有信息网络资源，鼓励建立覆盖区（县、市）或更大范围的社区综合信息管理和服务平台，实现数据一次收集、资源多方共享。整合区、街道、社区面向居民群众、驻区单位服务的内容和流程，建设集行政管理、社会事务、便民服务为一体的社区信息服务网络，逐步改善社区居民委员会信息技术装备条件，提高社区居民信息技术运用能力，全面支撑社区管理和服务工作。积极推进社区居民委员会内部管理电子化，减轻工作负担，提高工作效率。"

2017年,中共中央、国务院印发的《关于加强和完善城乡社区治理的意见》提出:"增强社区信息化应用能力。提高城乡社区信息基础设施和技术装备水平,加强一体化社区信息服务站、社区信息亭、社区信息服务自助终端等公益性信息服务设施建设。依托'互联网＋政务服务'相关重点工程,加快城乡社区公共服务综合信息平台建设,实现一号申请、一窗受理、一网通办,强化'一门式'服务模式的社区应用。实施'互联网＋社区'行动计划,加快互联网与社区治理和服务体系的深度融合,运用社区论坛、微博、微信、移动客户端等新媒体,引导社区居民密切日常交往、参与公共事务、开展协商活动、组织邻里互助,探索网络化社区治理和服务新模式。发展社区电子商务。按照分级分类推进新型智慧城市建设要求,务实推进智慧社区信息系统建设,积极开发智慧社区移动客户端,实现服务项目、资源和信息的多平台交互和多终端同步。"

2021年,中共中央、国务院印发的《关于加强基层治理体系和治理能力现代化建设的意见》提出:"(一)做好规划建设。市、县级政府要将乡镇(街道)、村(社区)纳入信息化建设规划,统筹推进智慧城市、智慧社区基础设施、系统平台和应用终端建设,强化系统集成、数据融合和网络安全保障。健全基层智慧治理标准体系,推广智能感知等技术。(二)整合数据资源。实施"互联网＋基层治理"行动,完善乡镇(街道)、村(社区)地理信息等基础数据,共建全国基层治理数据库,推动基层治理数据资源共享,根据需要向基层开放使用。完善乡镇(街道)与部门政务信息系统数据资源共享交换机制。推进村(社区)数据资源建设,实行村(社区)数据综合采集,实现一次采集、多方利用。(三)拓展应用场景。加快全国一体化政务服务平台建设，推动各地政务服务平台向乡镇（街道）延伸，建设开发智慧社区信息系统和简便应用软件，提高基层治理数字化智能化水平，提升政策宣传、民情沟通、便民服务效能，让数据多跑路、群众少跑腿。充分考虑老年人习惯，推行适老化和无障碍信息服务，保留必要的线下办事服务渠道。"

【实践探索】

一、如何运用信息技术做好社区治理和服务工作

当前移动通信和互联网技术正以前所未有的速度、广度与深度，渗透、影响并深刻改变着社会生活的方方面面，运用现代信息通信技术手段完善、提升和创新社会管理，构建和谐社会，切实维护社会和谐稳定，已成为现阶段我国经济社会发展的必然要求。社会治理要适应信息化社会的变革，利用信息化新技术创新社会管理手段和提升社会管理水平。近年来，一些地区积极探索信息技术与社区治理和服务的深度融合，形成了"掌上社区""慧居"等工作法，取得了较好的成效。

（六十六）"掌上社区"工作法

"掌上社区"工作法是根据社区居民来源广泛、服务需求多样、矛盾纷繁复杂、社区治理存在一定难度的实际情况，在实践中摸索产生的方法。

构建群组，"掌上社区"熟悉拉近距离。社区采用多种建群方

式,通过线上互动与居民熟悉起来。自建:通过新房交付的契机,联合物业服务企业进行居民基础信息集中登记采集,同步建立新居民"掌上社区"微信群;整合:将物业服务企业原有建立的业主联系群整理并入"掌上社区"群组;融入:将征收拆迁村居民在原行政村创建的微信群进行有效嵌入;合建:根据不同人群特点、相同兴趣爱好的需求,建立"宝妈宝贝""巧手绘""运动俱乐部"等特色微信群。

自成方圆,"掌上社区"制定共同守则。社区通过召集党员、居民代表、物业服务企业等多方主体协商讨论,为"掌上社区"制定了几条运营"硬杠杠"。规模:为了便于管理服务,每个"掌上社区"控制人员规模,以楼栋单元为单位,原则上每户居民家庭至少有一人在群。时间:定为"早七点到晚七点",共性问题群内解答、个性问题私聊解答。为了避免过多信息影响居民,平时可设为免打扰状态。功能:大群用来发布群消息和活动公告;中群用来协商解决共同关注的问题;小群用于对接资源,提供特色精准服务。规则:群主负责群内沟通的规范化管理,居民在群里可以畅所欲言,但不可发布不当言论或不文明语言行为。在"掌上社区"微信群,社区书记总体调度,群主包括责任社区工作者、业主代表、居民志愿者,负责具体管理。每个群配备一名社区管家和一名物业管家,融入其中收集整理居民服务需求及建议意见,掌握社情民意,对接资源进行服务。

精准对接,"掌上社区"促进实事落地。本着"以人为本、按需服务"的工作原则,"掌上社区"提供"早班车""一本通""活字典""导服图"等定制功能,居民有咨询需求,可在"掌上社区"在线提问,社区管家和物业管家线上及时回复。通过"掌上社区",

社区为居民群众提供民政计生、社保医保、困难救助、双拥工作等政策咨询及代办服务,"秒回式"应答服务获得居民认可,社区政务服务更加便捷、高效。针对居民不同需求、不同诉求,"掌上社区"构筑了集聚资源、及时响应的平台,促进社区各类主体间的良性互动。能答复的立即答复,能帮忙解决的及时协调,将处理结果及时反馈,进一步形成线上收集服务需求,线下转介上级职能部门、社区工作者、物业服务企业的闭环式服务机制,使民生实事更快落地见效。

案例做法

掌上办 马上办
——江苏省常州市菱溪社区

菱溪社区围绕打造共建共治共享的社区共同体,以及现代化城乡治理样板的总目标,有效运用"掌上社区"工作法,标准化推进"掌上社区"运行,助力社区治理和服务,让社区服务做到有求必应、有问必答,用服务换满意,用活动聚人心,成为接地气、冒热气,贴民心、顺民意的社区治理新妙招,提升了居民满意度和获得感,社区定期在"掌上社区"发布"党员集结号""爱心集结号"等活动预告,招募热心居民志愿者,培育孵化社区社会组织。

社区通过党建引领、群众参与、项目运作,集聚了大批社区党员志愿者和社区能人,进一步提升了社区服务专业化、精细化水平。例如,"法润民生直通车"群主为居民提供了多项法律服务;"家庭医生"群主为社区老年人提供健康服务;社区"公益五号"便民集市常态化运作,志愿者每月为居民提供各类便民服务,社区活力和凝聚力明显增强;等等。

社区通过"掌上社区"平台引导各类主体众筹集智,成立了"社区治理智囊团",线上收集有效的建议意见,线下召开协调对接、民主协商会,整合各方资源,开展电瓶车集中整治、楼道集中清理等专项行动,真正发挥居民主体作用,提升了社区治理效能。为保障"掌上社区"有效运行,社区出台了多项激励机制,每年评选"最活力""最温情""最给力""最爱心""最安全""最和谐"社群,使"掌上社区"更有吸引力、更具生命力。

(六十七)"慧居"工作法

"慧居"工作法产生的背景是社区老旧小区多,商业街区与群众区交错,出租户多、外来人口多、民宿多,人口流动性大,商居矛盾和家庭矛盾多、群众安全感不强,社区基础服务设施跟不上、志愿服务体系等不够完善,管理存在诸多盲区,导致服务群众不到位、群众到社区办事效率低。社区推行"慧居"工作法,创建"智慧党建·便民服务"的"互联网+"志愿服务品牌,使社区党建和服务群众工作更加便捷、多样与智能。

线上一键金点子,听民声解民忧。为解决社区基础设施差、管理有盲区问题,社区广泛发动群众在手机中安装"慧居社区"软件,依托软件中的"一键金点子"功能，群众动动手指就可以将自己发现的社区安全隐患和城市管理等问题进行反映，实现群防群治，提升社区治理科学化水平。

线上开设网上居委会，强服务提品质。为解决群众办事难问题，在"慧居社区"软件中建立网上居委会，群众可在手机上随时查阅社区工作动态，查看社保、民政、卫健等办事办证指南。群众办事不再受八小时工作时间约束和固定地点限制，只需要轻击手机屏幕，就可以实现网上填表、在线办事。社区工作人员在线与群众沟通，并审核表格，减少群众跑腿次数，做到让群众"少跑一趟路、少走一扇门、少等一分钟"。

线上引入智慧门禁，添便利促安全。为让群众享受到智慧社区带来的福利，提高安全感、满意度，社区在楼道及小区引入智慧门禁系统。独居家中的空巢老人及特殊人员两三天不出门，系统后台即可进行提醒，社区工作人员就可以上门查看情况。

案例做法

"慧居"社区　服务居民
——广西壮族自治区桂林市解东社区

解东社区群众以前反映问题要打市政热线，现在使用"一键金点子"，投诉反映后即时转到相关部门处理，整个过程公开透明，办事效率明显提高。从2019年12月至2021年7月，通过"一键金点子"，已解决问题100多件。

为丰富社区居民的业余文化生活,解东社区通过招募社会各界志愿者,有针对性地开展利民便民活动。利用"慧居社区"平台广泛收集心愿和需求,组织多位来自东西巷历史文化街区的非遗传人定期为社区群众提供团扇、毛笔、风筝和彩色雕版套印体验宣讲,助力社区宣传、弘扬和传承中华传统文化的工作;组织志愿者开展青少年安全知识科普活动,宣传校园安全、防溺水等知识;组织开展自制垃圾桶等活动,引导群众学习垃圾分类;组织体验激光雕刻机学习3D打印;等等。通过丰富多彩的活动寓教于乐,群众对社区活动的参与度、获得感和满意度明显提升。

二、如何开展好智慧社区建设

社区信息化是城市信息化的重要组成部分,是城市管理及社会建设的基础环节,是加强社区建设和治理、完善社区功能、提升社区服务的有效手段。一些地方通过运用物联网、大数据等技术手段,加强智慧社区建设,形成了服务外籍居民"3I"、"码上回家"等工作法,提升了社区服务精准化精细化水平,促进了社区和谐稳定。目前,智慧社区建设尚在探索阶段,仍有待进一步加强统筹整合并加大投入力度,让社区治理和服务智能化水平再上新台阶。

(六十八)服务外籍居民"3I"工作法

"3I"工作法产生的背景是社区内外籍居民人数较多、流动性较大。社区根据自身特色和工作难点,以"I"社区为主题,即国际

（Internation）管理，智慧（Intelligent）服务，交流（Interaction）融合，通过"I管理""I服务""I融合"的"3I"工作法，跨越语言障碍和文化隔阂，营造温馨和谐高品质的社区环境，给外籍居民一个"中国家"，让所有居民爱上社区生活。

"I管理"，彰显"中国家"的贴心。社区成立外籍居民联系小组，并制订本社区外籍居民联系工作实施方案。联系小组定期召开联席会议，协调解决涉外工作中的跨部门问题。同时社区设立涉外警务工作室，提供24小时及时便捷的落地服务。

"I服务"，彰显"中国家"的温馨。打造双语服务系统，对社区便民服务设施、导引牌、导视图等进行双语改造。同时，社区将涉及外籍居民办理的签证、居留居住登记、领事保护与服务以及在京工作生活所需要的各类实用信息列明清单，结合周边餐饮、购物等娱乐信息共同编制成双语的《外籍人员服务手册》。

"I融合"，彰显"中国家"的包容。营造"大文化"氛围。社区借助每年的传统节日组织中外居民一起开展包饺子、吃汤圆等传统文化活动，并且在"洋节日"中加入本土特色，让中外居民在共同的节日活动中得到共鸣，同时举办华清园社区国际文化节，从文化、美食、电影切入，营造共同的节日氛围。

案例做法

智慧治理给外籍居民一个"中国家"
——北京市华清园社区

华清园社区位于五道口商业繁华地段，外籍人员较多。

完善线上公共服务。华清园社区微信公众号专设外籍居民版块，将相关法律法规、各类活动宣传及各项民生政策通知翻译成双语进行发布，逐步实现配套公共服务设施的国际化。同时增设网上预约服务，开设"外籍通道"，实现网上信息先行登记、住宿手续按时补办服务模式的全覆盖。

创新"大公益"模式。在社区开办"大话汉语班"，在社区内广泛招募公司白领、社区海归等汉语口语志愿者，形成一对一结对，共结成了80余对中外师生，并在"京邻里"平台进行积分。60%服务对象都成了社区志愿者，服务带动服务，形成了社区内互助奉献的良性循环。

探索"大协商"机制。华清园社区定期线上发布需求征集问卷，针对涉及居民利益的社区公共事务、公益事业不定期开展线上议事协商，对于参与的外籍居民进行双向翻译，鼓励外籍居民为社区建设、安全防范、自我约束等方面献言献策，增强了外籍居民认同感和归属感。

（六十九）"码上回家"工作法

为解决居民群众急难愁盼问题，以满足群众服务需求为目标，站在强弱项、补短板的工作角度，着力打造"防走失驿站"党建服务品牌，切实解决高龄老人易走失、走失老人难寻回的现实问题，以社区治理服务创新提升居民的获得感和幸福感，总结形成"码上回家"工作法。

秉持"预防胜于补救"的服务理念，提出"党建引领、三方联动、共治共享"的工作思路，开启"码上回家"行动，为走失老人搭建第二个"家"。该工作法以二维码为核心，集登记信息、定制胸牌、求助热线、接管老人等服务为一体，当老人走失后，好心人通过扫描老人胸前佩戴的二维码胸牌联系到"防走失驿站"，就意味着老人已经平安到"家"，有效降低老人的走失风险，提高寻回老人的效率。

党建引领，搭建服务架构。将坚持和加强党的领导摆在首要位置，充分发挥基层党组织战斗堡垒作用，扎实推进"码上回家"行动。一是组织领导到位。组建由社区党组织书记和社区党建联盟负责人任双组长，社区"两委"成员、党建联盟共建单位及党员志愿者协同参与的"防走失驿站"规划设计工作小组，明确职责、细化任务，在驿站立项、模式规划、产品设计、工作制度等环节逐一严格把关，保证责任上肩、任务上心。二是统筹谋划到位。研究制作实用、美观、低成本的"防走失二维码"胸牌。三是宣传推广到位。"防走失二维码"设计好后，通过居民微信群和微信公众号向居民征集首批试戴者。在网格员入户走访过程中，宣传普及"防走失二维码"便捷、安全、高效的服务功能，推动居民主动为家中老人申请"防走失二维码"胸牌。

共治共享，凝聚服务力量。"码上回家"工作法能够帮助走失老人"找家"，使社区居民群众得到"真实惠"，进而带动越来越多的服务力量加入到关爱老人的队伍中来。社区各党建联盟成员单位、社会组织、党员志愿者，以共同需要、共同目标、共治共享为纽带，建立起党组织相互联系、党员相互沟通，党建工作和事务工作相互融合的治理服务体系。

案例做法

二维码防老人走失
——吉林省吉林市龙城社区

家住龙城社区的某位高龄居民在楼下散步时意外摔倒，因精神紧张一时说不出话，无法向周围热心群众提供有效信息。细心的居民发现老人胸前佩戴着一枚二维码胸牌，于是通过手机扫描后，第一时间获取到老人的基础信息，并与社区"防走失驿站"取得联系。驿站工作人员根据老人注册二维码时的备案信息，及时通知老人家属，并将老人送到附近医院治疗，经检查无碍后，当天晚上就安全回到家中。另一位社区老人患有阿尔兹海默症多年，在附近便民超市购物结账后，突然忘记了自己的家庭住址和子女的联系方式，只能在超市附近盲目地"找家"。老人的异常行为引起了周围热心顾客的关注，但却不知该如何进行帮助，有人无意间留意到老人胸前佩戴的二维码胸牌，经过扫描二维码，与"防走失驿站"的工作人员取得了联系。在驿站工作人员的帮助下，老人安全地回到了子女身边。

利用"防走失二维码"胸牌成功寻回走失老人的事件在社区居民中引起了强烈反响，社区工作获得了更多居民的认可与支持，居民关注走失老人的意识也逐渐增强，主动到"防走失驿站"参加社区党委组织的医疗护理讲座、防范走失咨询、疾病救助知识普及和预防老人走失的经验交流等活动，在社区营造出尊老、敬老、爱老的浓厚氛围。

为提高社区老人生活便利性，"防走失驿站"的工作人员积极协调相关专业机构，对老人家庭进行"适老化"改造，例如，在家中马桶旁安装便于老人起身的扶手、在老人床边安装"一键呼叫"紧急按钮等，从多方面延伸了"防走失驿站"的服务内容。"防走失驿站"不再是一个房间或一个简单的二维码，而是延伸到老人家里的全方位服务和铭刻在居民心中的防范意识，是从家庭到驿站、从家人到社区工作者和志愿者的全方位防范体系。

后 记

习近平总书记指出:"社区工作是一门学问,要积极探索创新,通过多种形式延伸管理链条,提高服务水平,让千家万户切身感受到党和政府的温暖。"为深入学习贯彻习近平总书记重要指示精神,切实增强广大基层干部的群众工作本领,本书总结提炼各地城市社区一线工作者推进社区治理的工作理念、方法和技巧,精心选编了69个城市基层干部一线工作法,既包括体制机制建设,又包括程序流程优化,还包括与居民群众打交道、做群众工作的工作法,供广大基层干部学习借鉴。

本书由中央组织部牵头,民政部和吉林省委组织部指导,吉林长春社区干部学院组织编选,全国干部培训教材编审指导委员会办公室审定。参与本书案例编写和修改工作的人员主要有(按姓氏笔画排序):于晓铭、田芳、田毅鹏、曲春雨、刘继珊、吴亚琴、张军秀、陈越良、林松淑、贺更行、顾晓旭、徐亚庆、高洪山、路亚兰、薛晓婉。在编选过程中，中央组织部干部教育局负责组织协调工作，党建读物出版社等单位给予了大力支持。在此，谨对所有给予本书帮助支持的单位和同志表示衷心感谢。

编　者
2021 年 11 月

图书在版编目(CIP)数据

城市基层干部一线工作法 / 全国干部培训教材编审指导委员会办公室组织编写. — 北京：党建读物出版社，2021.11

全国基层干部学习培训教材

ISBN 978-7-5099-1440-3

Ⅰ.①城… Ⅱ.①全… Ⅲ.①城市管理—基层干部—干部工作—中国—教材 Ⅳ.①F299.23

中国版本图书馆CIP数据核字（2021）第215391号

城市基层干部一线工作法

CHENGSHI JICENG GANBU YIXIAN GONGZUOFA

全国干部培训教材编审指导委员会办公室　组织编写

责任编辑： 谢洪波
责任校对： 钱玲娣
封面设计： 刘伟
出版发行： 党建读物出版社
地　　址：北京市西城区西长安街80号东楼（邮编：100815）
网　　址：http://www.djcb71.com
电　　话：010-58589989 / 9947
经　　销：新华书店
印　　刷：北京汇林印务有限公司

2021年11月第1版　2021年11月第1次印刷
710毫米×1000毫米　16开本　13.5印张　152千字
ISBN 978-7-5099-1440-3　定价：25.00元

本社版图书如有印装错误，我社负责调换（电话：010-58589935）